인생의 속도를 잠시 늦추고 싶을 때
라오스 한 달 살기

인생의 속도를 잠시 늦추고 싶을 때
라오스 한 달 살기

조 숙 글·사진

문예바다

◯ 목차

여는말 7

01 첫날밤 19

02 세상에서 가장 아름다운 어둠 27

03 부끄러움 37

04 메콩강의 노래 45

05 콩로 가는 길 53

06 콩로, 비그림 61

07 방비엥 가는 길 69

08 방비엥 새벽시장 75

09 애들아 놀자! 81

10 소금마을 콕싸왓 91

11 공항의 두 남자 97

12 방물장수 103

13 꽃등을 밝히다. 109

14 딸랏싸오 새벽시장 117

15 학교 가는 날 123

16 축복의 실 131

17 빠뚜싸이 137

18 루앙프라방가기 미션 파서블 147

19 진정한 여행 155

20 슬픈 운명 165

21 우리는 그곳으로 간다 171

22 우리는 잘 살고 있다 179

23 라오스 결혼식 187

24 버펫냥 197

25 루앙프라방 203

26 케리 209

27 국경을 넘어 217

28 가장 맛있는 것 223

29 김삿갓 231

30 아픈 숟가락 235

31 존의 아침 241

32 모링가 아저씨 249

33 돌 항아리 평원 & 숟가락 마을

34 엑티비티천국 방비엥 255

35 멈추고 싶은 곳 루앙프라방 261

닫는 말 267

♠ 여는말

왜 혼자 여행하느냐고 물으면 나는 잠깐 얼음이 된다. 너무 정곡을 찌르는 것 같아서 움찔한다. 그것은 마치 '너의 인간관계가 어찌 그 모양이냐'고 묻는 것 같기 때문이다. 질문에 대답을 하자면 외롭고 두렵기 때문에 혼자 여행한다. 물음 끝에 답을 찾을 수 있는 평범한 진리를 외로워야 깨닫게 된다. 철저하게 외롭고 나면 누군가와 관계 맺기에 진심일 수 있다. 또 어떤 형태이든 '이룸'은 두려움의 강 건너편에 있다. 여행은 두려움을 안고 그 강에 발을 적시는 일부터 시작이다.

나의 여행은 관광이 아니라 그곳에 머무름이다. 스쳐 지나가면서 볼 수 없고 알 수 없는 그들의 삶의 속살을 보는 방법은 발걸음을 멈추고 보는 것이다. 그것은 곧 나를 확장 시키는 경험이 된다.

라오스 한 달 살기

— 라오스에 가보니 —

♣순수한 사람들

　세계에서 하루에 10불을 소비하고 살 수 있는 사람이 얼마나 될까? 10퍼센트가 안된다고 한다. 나머지 90퍼센트는 하루에 2불도 소비하지 못하고 살아간다.
　나라 밖으로 나와보면 우리나라는 정말 잘 산다. 우리 돈으로 환전하고 나면 두둑해진 지갑이 배짱처럼 빵빵하다. 대한민국 만세다. 라오스는 국민소득이 1300불이다. 하루에 우리나라 돈으로 만원도 소비하지 못한다. 그럼에도 불구하고 이들의 행복지수는 우리보다 훨씬 높다. 돈이 많고 적음이 행복의 척도는 아니라는 증명이다. 지구상 가장 평화로운 나라 라오스. 맛있는 것을 먹으려면 태국으로 가고 사람을 만나려면 라오스로 가라는 말이 있는 것처럼 라오스에 와서는 순수한 사람들을 만난다.

♣모계사회

　전통적인 모계사회인 라오스는 딸을 낳으면 엄마 얼굴이 환하게 펴진다. 해산의 고통 속에서도 딸이면 웃으며 낳는다고 한다. 딸이 살림 밑천이 되는 것은 확실하다. 딸이 결혼할 때 사위로부터 받는 지참금 '카통'이 인생에 가장 큰 목돈이기 때문이다. 첫째

딸이 결혼하면 처갓집 근처에 집을 얻어 살림을 차리고 둘째 딸 역시 근방에서 신혼살림을 차린다. 막내딸이 부모 부양의무를 진다. 물론 집과 재산을 물려받는 것도 막내딸이다. 막내딸이 집안의 기둥이기 때문에 라오스에서 결혼 선호조건 1위가 막내딸이라고 한다. 아들은 처갓집으로 장가를 들어 떠나버리기 때문에 부모로부터 재산을 물려받는 것은 꿈도 꿀 수 없고 처갓집 사람화되는 것이 잘 사는 길이라고 한다. 라오스에서의 여성 권력은 겉은 나긋나긋하게 보이지만 그 속에는 결코 만만치 않은 전류가 흐르고 있다.

라오스 한 달 살기

♣ 라오스 화폐

라오스를 여행하며 관광객에게 구걸을 요구하는 사람을 한 번도 만나지 못했다. 인도여행 갔을 때 걸음을 옮길 수 없을 정도로 지겹게 달라붙던 동냥의 손길, 심지어 기차 티켓을 발권하는 창구직원이 거스름돈을 뚝 따먹고 안 돌려주었던 경험에 비하면 라오스에서는 터무니없이 당했다고 생각되는 일이 없다. 라오스 화폐에 적응하려면 3일 정도 시간이 걸린다.

화폐 단위가 낍(k)이다. 가장 많이 쓰는 돈이 10,000낍인데 우리나라 화폐로 치면 1,400원이다. 이 돈으로 1.5리터짜리 물 두 병을 살 수 있다. 가장 고액권이 100,000낍(14,000원정도)짜리이다. 로컬식당에서는 될 수 있으면 고액권을 사용하지 말아야 한다. 쌀국수 한 그릇 먹고 100,000낍 짜리 사용했다가는 거스름돈을 구하러 온 동네를 돌아다니게 만들고 바꿔 올 때까지 무작정 기다려야 하는 사태가 발생할 수도 있다.

　동남아 사정이 거의 비슷하겠지만 라오스 역시 농산물은 싸고 공산품은 비싸고 질이 떨어지는 편이다. 공장이 없는 라오스는 공산품과 해산물은 태국으로부터 수입해서 쓴다. 태국이 라오스보다 환율이 높기 때문에 비쌀 수밖에 없다.

♣독잠파

　독잠파는 라오스국화이다. 라오스 어디를 가나 땅바닥에 뒹굴뒹굴 떨어진 꽃을 흔히 볼수 있다. 하지만 바닥에 떨어져 있다고 해서 가볍게 봐 넘길 꽃은 아니다. 문득 꽃 하나를 집어들면 아직 빳빳도도하다. '이래 봬도 일국의 국화이다.' 라고 말하는 것 같다. 거기다 은은한 향기로 존재를 과시한다. 다짜고짜 훅! 치고 들어오는 강한 냄새가 아니다. 한번 들이댄 코를 쉽게 뗄 수 없는 끌어당김이 있다.

　독잠파는 반전 매력이 있다. 특이하게 예쁜 모양이나 눈길을 끌 만큼 화려한 색깔이 아니라 어디서나 흔히 볼 수 있는 흰 꽃일 뿐이다. 그런데 땅에 떨어져 뒹구는 딱 한잎 꽃을 여인의 머리에 꽂으면 그 순간부터 축복의 주인공이 된다. 순백색 다섯 장 꽃잎이 갈래꽃인 듯 하지만 사실은 그 중심에 있는 노란색으로 집약되는 통꽃이다.

'순수의 나라'라는 별명은 독잠파꽃에서 파생된 말이 아닐까 싶다. 그것은 수줍은 미소를 띠고 있지만 강력한 모계사회를 이루고 여성중심사회를 이끌어가고 있는 라오스의 속 모습 같다. 독잠파의 매력은 그 자태에도 있다. 꽃잎 끝을 궁글린 단아함도 있다. 일년 내내 피는 꽃, 이름은 다르지만 동남아 어디서나 볼 수 있다.

루앙프라방 호텔 침대 시트 위에 다소곳이 앉아 나만 기다려준 딱 한 송이꽃! 독잠파.

♣파스사랑

라오스 사람들의 '파스'사랑은 절대적이다. 간혹 이마에 파스를 붙이고 다니는 사람을 볼 수 있다. 방비엥에서 짚라인 탈 때 가이드 이마에 척 붙은 파스를 보고 왜 이마에 파스를 붙였냐고 물었더니 "머리 아파서."라고 대답했다. 라오스 사람들은 머리 아프면 이마에 파스 붙이고 배 아프면 배에 붙이고 심지어 치통이 있을 때는 볼에도 붙인다는 것이다. 한참 웃다가 생각해보니 우리가 파스 사용에 있어서 너무 고정적인 관념을 가지고 있는 것은 아닌가 싶다. 우리는 타박상이나 근육에 통증이 있을 때만 파스를 붙인다. 우리나라 드라마에서 아픈 것을 표현할 때 이마에 흰 끈을 질끈 맨다. 라오스 사람들이 이를 보고 '왜 파스를 안 붙이고 끈을 매고 있지?' 하고 의문을 품지 않을까 싶다.

♣체 게바라 [Che Guevara]

체 게바라가 아직 활발하게 움직이고 있는 곳이 라오스다. 베레모에 덥수룩한 수염과 반항아적인 표정은 여전히 살아서 거리 곳

곳을 누빈다. 방비엥, 루앙프라방, 비엔티안 할 것 없이 라오스 도시에서 그의 갈기머리와 수염이 휘날리는 것을 볼 수 있다. 루앙프라방에서 꽝시폭포로 가는 미니밴을 탔다. 아직 내부 비닐도 다 제거하지 않은 새 차였는데 차 앞면에 '체 게바라' 사진이 찍혀 있었다. 운전 기사에게 "이 사람이 누군지 알아요?"하고 물으니 "모른다."고 했다. "그럼 왜 이걸 여기에 붙였어요?" 하니까 돌아오는 대답이 걸작이다. "그냥 멋있으니까!" 하며 엄지를 세운다. 팅! 하는 소리가 났다. 정의와 혁명이라는 단어를 떠올렸던 내 머리가 봉망치를 한 대 맞은 것 같았다. 꽝시폭포 주차장에 미니밴들이 주차되어 있는데 약속이나 한 듯이 '체 게바라' 사진이 꽁무니에 붙어있어서 또 물어봤더니 역시 돌아오는 대답은 "모른다."였다. 비엔티안의 트럭 뒤 흙 받침에 붙어서 펄럭거리며 체 게바라가 달린다. 뒤따라가는 나를 보고 자꾸 말하는 것 같다.

'나는 멋져.'

♣ 전통의상 '씬'

여성이 관공서를 출입할 때는 치마를 입어야 한다.

라오스 여성 전통복장은 치마 '씬'이다. 랩스커트처럼 큰 스카프 한 장으로 둘러 입는다. 발목까지 내려오는 긴 치마이다. '씬'을 입은 것을 보고 지위와 부를 가늠한다. 부잣집 여성은 실크와 금실을 섞어 만든 고급 '씬'을 입는다. 몇만 원짜리부터 몇천만 원짜리

까지 다양하다. 초등학교 교복부터 대학교 교복까지 하의는 '씬'을 입는다. 젊은 여성들 사이에서는 바이크를 타고 팔이 햇볕에 노출되는 것을 막기 위해 셔츠를 거꾸로 껴입고 타는 모습이 종종 보인다. 바지와 원피스도 점차 입는 편인데 관공서를 출입할 때는 반드시 '씬'을 입어야 한다.

♣신당을 지날 때 클랙슨을 세 번 울린다.

라오스의 공식적인 종교는 불교이다. 그 외에 토속적인 신앙도 지역마다 조금씩 다르다. 마을의 입구나 경계에 들어서면 작은 사탑을 세워놓고 꽃을 걸어놓은 것을 자주 보게 된다. 이곳을 지나면서 운전자들 사이에 자연스럽게 생긴 '룰'이다. 신당이나 사탑 앞을 지날 때면 잠시 속도를 늦추고 클랙슨을 세 번 울린다.

♣ 라이반

최하위공무원이지만 가장 막강한 권력이 있다. 모든 것은 라이반으로 시작해서 라이반으로 끝난다. 마을의 관혼상제, 크고 작은 행사 등 제반의식에 참여하고 확인받아야 한다. 심지어 개인 간의 싸움도 라이반이 중재한다.

♣ 교통사고

라오스 사람들은 '차'를 너무 좋아한다. 비엔티안 사람들에게 있어서 차는 부의 상징이다. 라오인들은 80%가 은행 거래를 하지 않는다. 겨우 20%정도 은행 거래를 할 뿐이다. 라오스에서 가장 잘되는 사업이 대부업이라고 한다. 자동차 가격 10분의 1만 있어도 차를 구입 할 수 있어서 몇 년짜리 할부로 자가용을 사고 난 뒤 할부금을 갚지 못해서 '차'를 압수당하는 일이 빈번하다. 따라서 중고차 시장 거래도 활발하다. 승용차의 절반이 한국산 차이다. 비엔티안에는 버스나 전철 같은 대중교통 수단이 없다. 차와 바이크가 섞여서 달리니 종종 바이크 충돌사고가 일어난다. 교통사고가 나면 사고 난 지점 앞뒤로 나뭇가지를 꺾어서 길바닥에 던져놓는 것으로 사고지점을 표시한다. 교통사고가 나면 약자 편을 들어서 무조건 차보다 바이크편을 들어준다.

라오스 한 달 살기

01
첫날밤

https://youtu.be/9GDJP-jCHPs

　작아서 만만한 공항이다. 공항이 주는 낯섦과 중압감이 하나도 없다. 내 발걸음으로 몇 걸음 안에 비엔티안 공항이 다 들어올 것 같다. 찜솥 뚜껑을 열어놓은 것처럼 후끈한 밤공기가 살갗에 닿는 느낌만 좀 낯설 뿐이다.
　"공항 밖에 나와서 꽁지머리를 찾으면 돼요."
　휴대전화에 들어와 있는 한 줄 메시지를 다시 읽었다. 내가 머물 숙소 주인이 보낸 것이다. 지인을 통해 알게 된 사람이다. 며칠 묵을 것인지, 여행할 곳은 어딘지, 무엇을 할 것인지 아무것도 묻지 않았다. 나도 비행기 e티켓 사진 한 장 달랑 찍어 보냈을 뿐 얼마나 머물 것이고 숙소 렌트 비용은 얼마인지 등 아무것도 약속하지 않고 무작정 날아갔다.
　짐 찾는 컨베이어벨트 앞 게이트가 여닫힐 때마다 공항 밖이 훤히 내다보였다. 그 사이로 내 눈과 마주친 남자가 있었다. 남자도 나를 발견한 것 같았다. 때맞춰 민트색 내 트렁크가 나왔다. 나는 트렁크를 끌어내리면서 내 등에 꽂히는 남자의 시선을 의식했다. 공항 밖으로 나오자마자 아까 눈 맞췄던 남자가 먼저 다가왔다. 꽁지머리가 아니라 앞 머리카락 몇 개만 노란 밴드로 귀엽게 묶은 남자였다.

"혹시 글 쓰는 분…….."

"맞아요."

내 대답이 떨어지자마자 남자는 내 트렁크를 얼른 차로 옮겨 실었다.

"제가 '하루'입니다."

곧 출발하려는 차를 황급히 세웠다.

"공항 사진을 한 장 찍어야 하는데요."

공항주차장에 세워둔 차는 어림잡아 열대를 넘지 않고 바이크가 더 많이 세워져 있었다.

또 한 명의 남자가 차를 호위하듯 바이크를 타고 뒤따라온다. 이건 전혀 예상치 못한 공항 환영식이다.

숙소는 공항에서 5분 거리에 있었다. 육중한 철 대문이 열리고 운동장처럼 넓은 마당이 드러났다. 야자수 꼭대기에 반달이 걸려 있고 바나나 잎사귀가 밤 그늘을 드리우고 있었다. 바나나 잎사귀를 향해 갈대같이 빳빳한 풀이 잎사귀를 벼리고 있는 모습이 희끄무레하게 보였다.

라오스 한 달 살기

인생의 속도를 잠시 늦추고 싶을 때

첫눈에 쏙 맘에 드는 집이다.

이 층짜리 저택이고 고택이었다. 언젠가 꼭 한번은 해외살이를 하며 그 나라의 고택을 빌려서 살아보고 싶었는데 예상보다 빠르게 소원이 이루어졌다. 집안으로 들어서는 입구 양옆에 나무로 조각된 코끼리 두 마리가 수문장처럼 서 있다.

바이크를 타고 뒤따라오던 남자가 어느새 다가와서 트렁크를 현관 앞에 내려놓았다.

헬멧을 벗으니 하루씨보다 훨씬 나이가 들어 보이는 사람이다.

"강사장님이 웬일이세요? 남의 트렁크 절대로 들어주실 분이 아닌데."

"그러게. 나도 내가 왜 이러는지 몰라, 내가 실었으니 내려줘야지."

"방은 이 층이에요. 트렁크를 방문 앞에 갖다 놓을게요. 원래 라오스는 맥주 한 잔이 환영 인사인데 오늘은 그냥 차 한 잔 마시고 올라가세요."

하루씨가 먼저 이 층으로 올라갔다.

담장을 따라 야자수가 경계를 서고 있는 실루엣이 마당을 가득 채우고 있었다. 검은 개 한 마리가 소리 없이 다가와서 발밑에 엎드린다. 음영 깊은 흑백 사진 한 장 같다.

"라오스에 얼마나 있을 예정이에요?"

"한 달요. 한 달 살기 할거예요."

라오스 한 달 살기

"아마 더 있고 싶어질 거요."

"네, 저도 방금 든 생각인데 한 달 넘게 살다 갈 것 같은 예감이 들어요."

"라오스는 1년을 살아도 모자라서 다시 오게 되는 곳이거든요."

"라오스가 그런 곳이요. 휙 한 바퀴 돌아보고 가는 사람은 몰라도 머물러 있어 본 사람은 다시 오게 되는 곳이요."

툭 한마디 던지고 강사장은 일어섰다. 어느새 바이크를 타고 대문 밖으로 사라졌다.

"낼 아침 늦잠 자세요. 라오스는 늦잠꾸러기 나라예요."

"라오스는 바쁘지 않은 나라지요. 심심한데 익숙해져야 라오스 살이가 편해져요."

라오스 살기의 첫날밤!

나는 떠나왔는데 돌아온 사람처럼 두 다리를 뻗고 잠들었다.

라오스 한 달 살기

인생의 속도를 잠시 늦추고 싶을 때

02
세상에서 가장 아름다운 어둠

https://youtu.be/zukPX0ekAQw

    칠흑 같은 어둠! 눈을 뜨고 있는 내 눈동자가 보이는 것 같다. '세상에 이토록 캄캄한 어둠이 있을까?' 간접조명이 전혀 없는 방, 별빛이 스며드는 것조차 암막 커튼으로 가리고 나니 눈을 뜨고 있는 것이 아무 소용없다. 이렇게 완벽한 어둠 속에 잠겨있기도 참 오랜만이라 차라리 눈을 감아버렸다.

    침대에서 내려와 창문 있는 쪽으로 더듬더듬 기어갔다. 커튼 자락이 손에 잡히자 한쪽으로 밀어젖혔다. 그제야 사물이 희미하게 인식된다. 초저녁 야자수 나무 위에 걸려있던 달도 넘어가고 온전히 별빛뿐이다. 이렇게 어둠이 짙으면 오히려 별빛과 눈빛과 개똥벌레가 뿜어내는 빛만 가지고 충분히 글을 읽을 수 있을 것 같다. 지독한 어둠이 바탕이 되었기에 가능한 일이다. 여닫이문을 소리죽여 밀고 베란다로 나왔다. 어둠이 밝음으로 바뀌는 모습을 지켜본다.

라오스 한 달 살기

눈이 점점 밝아지면서 '당쇠농장'이 내려다보인다. 바나나 나무 큰 잎사귀 아래 새싹들이 꼼지락거리는 것 같다. 며칠 전 '딸랏싸오' 새벽시장에서 사 온 아포가토를 먹은 후 씨앗이 너무 굵고 실해서 장난삼아 '당쇠농장' 한쪽에 심어두었다. 아포가토 씨앗은 3년은 되어야 싹이 난다고 하던데 어쩌면 아포가토 씨앗도 어둠 속

라오스 한 달 살기

에서 꼼지락거리며 3년짜리 카운트다운에 들어간 것은 아닐까?
 생명의 탄생 순간은 무릇하고 고통을 무릅쓰고 탄생된다.

 서서히 날이 밝아오고 제일 먼저 눈에 띄는 사람이 길 건너 골목에서 나오는 여인이다. 탁발스님을 맞이할 준비를 하는 것이다. 누구보다 먼저 나와서 옆구리에 끼고 온 자리를 바닥에 깔아놓고 들어간다. 자리가 반듯하게 깔렸는지 뒤돌아 한 번 더 확인한다. 곧 신선로 모양의 발우와 물병을 두 손으로 받쳐 들고 나온다. 아마도 찰밥이 담겨 있을 것이다. 음식이 담긴 바구니를 앞에 놓고 꿇어앉는다. 블라우스에 달린 리본을 다시 한번 매만지고 머리카락을 단정하게 쓰다듬는다. 그 위에 어깨부터 허리까지 가로지르는 긴 천을 걸치고 다소곳이 앉아서 기다린다. 이제 저쪽 큰길이 시작되는 곳에서부터 불경을 외는 소리가 들리며 주황색 장삼을 입은 스님들 행렬이 다가올 것이다.

 나는 어쩌다 훔쳐보는 사람이 되어 꼼짝없이 기둥 뒤에 숨은 꼴이 되어버렸다. 며칠째 새벽 탁발스님들의 모습을 지켜봐서 이제는 스님 중에서 어느 분이 불경을 외는 선창을 하는지 어느 스님이 맨 뒤에 서는지 정도는 알게 되었다. 자세히 보면 하나같이 앳된 얼굴이다. 수행이라지만 한쪽을 드러낸 어깨와 맨발은 내 가슴 한쪽을 아릿하게 한다. 매일 아침 탁발을 나서는 스님들의 수행은

그렇다 치더라도 아침마다 따뜻한 공양 밥을 짓는 여인의 정성도 수행에 못지않다. 정확히 정해진 시간도 없이 하루도 쉬지 않는다. 공양 밥이니 가족들에게 해주는 것보다 더 정성 들여 지을 것이다. 앞집 마트 아줌마에게 물어본 적이 있다.

"매일 아침 공양 밥을 지어요?"

"쉬는 날이 하루도 없어요?"

라오스 한 달 살기

내 우문에
"하루라도 쉬면 스님이 굶으라는 것이냐?"라고 내게 되물었다.

비엔티안 사람들은 아침식사를 매식하는 가정이 많다. 집 근처에 작은 식당과 반찬가게가 널려있고 가격도 싼 편이라서 손쉽게 사 먹을 수 있다. 가옥구조가 아예 주방시설이 없는 곳도 많고 냉장고에 식료품을 재워놓고 먹지 않는다.

우리처럼 아침이 부지런한 사람들도 아니어서 가족들을 위해 새벽밥을 지어 먹이고 직장으로 학교로 출근하는 가정이 많지 않다. 그럼에도 불구하고 아침 공양 밥은 꼬박꼬박 따뜻한 밥으로 준비한다는 사실이 놀랍다.

아직은 가슴에 품고 싶은 솜털 어린 아들을 수행의 길로 보내는 어미. 탁발스님에게 공양할 밥을 매일 혹은 평생 짓는 정성!

이것이 기간의 정함도 없는 진짜 수행이 아닐까!

세상에서 가장 아름다운 칠흑 어둠이 달빛, 별빛, 개똥벌레의 빛을 더 반짝거리게 해주는 것처럼 앳된 얼굴 스님 맨발 아래 저 여인의 꿇음도 수행을 받쳐주는 뒷심이다.

라오스 한 달 살기

https://youtu.be/zukPX0ekAQw

03
부끄러움

　라오스 사람들은 얼굴에 부끄러움을 묻히고 다닌다. 그냥 부끄럽다. 누가 무슨 말을 건네도 부끄럽고, 웃어도 부끄럽고 사진을 찍으려고 카메라를 들이대면 너무 부끄러워서 얼굴을 두 손을 가리거나 문 뒤에 숨어버린다. 치앙마이 사람들이 수줍음 많은 웃음이라면 라오스 사람들은 부끄러운 웃음이다.

　비엔티안이 라오스의 수도이긴 하지만 중심가에서 조금만 벗어나면 시골 냄새가 풀풀 난다. 라오스는 인구의 80퍼센트가 농업에 종사하는 사람들이다. 벼농사가 주요 농업인 사람들이니 번화가에서 조금만 비켜서면 전통가옥과 농촌의 모습을 흔히 볼 수 있다.

　농촌에 가면 길에서 놀고 있는 아이들이 정말 많다, 우리나라는 길에서 어린아이 한 명 만나기가 쉽지 않게 되어버렸다. 응애! 하며 우는 갓난아기 울음소리를 들어본 지가 언제였나 싶은데 이곳

라오스 한 달 살기

에는 마을 입구에 들어서면 아이들이 제일 먼저 보인다. 겨우 걸음을 뗀 아이부터 초등생 정도로 보이는 아이들까지 밖에서 논다. 아이들은 제멋대로 논다. 놀이기구가 따로 있는 것도 아니고 무슨 게임을 하는 것도 아니고 땅바닥에 주저앉아서 흙놀이하면서 하루를 보낸다.

인생의 속도를 잠시 늦추고 싶을 때

아이들 사진 찍는 것을 좋아하는 나는 물 만난 것처럼 좋아서 아이들 속으로 들어간다. 타이어를 굴리며 놀던 아이들 앞에 카메라를 들이대면 그 자리에 엎드려서 손등에 얼굴을 묻는다. 흘끔흘끔 고개를 들어 까만 눈동자를 굴리거나 담벼락 뒤에 숨어서 반쯤 얼굴을 돌리고 있다. 부끄러워서 그렇지 싫어서 그러는 것은 아니란 것을 안다. 내가 가까이 다가가서 깜짝 놀라게 하는 시늉을 하면 금방 헤헤 웃는다. 부끄러움 덩어리다. 사실은 사진 찍히는 것을 너무너무 좋아한다. 찍은 사진을 그 자리에서 보여주면 아주 만족한 웃음을 짓는다. 이럴 때 폴라로이드 카메라를 안 가지고 온 것이 가장 후회된다. 인화지 값이 비싸다고 망설이다 그냥 온 것이다.

오늘 아침엔 햇살이 뜨거워지기 전에 동네 한 바퀴 돌아보려고 자전거를 탔는데 너무 멀리 와버렸다. 길가에 있는 작은 식품 가게에 아점으로 먹을거리를 사러 들어갔다. 곧 출산할 것 같이 배가 볼록한 젊은 여성이 이 가게 주인인데 동네 사랑방 같은 곳이었다.

낯선 아줌마가 아이들에게 머리핀과 스티커를 나누어주고 있으니 무슨 일인가 싶어서 삼삼오오 모여들었다. 신기하게도 모두 갓난아기를 안고 있다. 엄마 품에 안겨서 잠들어 있는 아기 발을 보는 순간 너무너무 만져보고 싶었다. 아기 발뒤꿈치를 만져보면 그 보드랍고 맨들맨들한 느낌은 세상 어디에도 없는 기분 좋은 부드

러움이 있다.

  라오스 여성들은 일찍 결혼하는 편이다. 18세부터 20세 초반이 결혼 적령기이다. 가임기간이 길어서 아이를 많이 낳는다. 아기엄마 얼굴이라고 하기엔 너무 앳된 얼굴들이다.

  나는 한국에서는 못할 일을 라오스에서는 용감하게 실행한다. 아기를 한 번만 안아보자고 했더니 선뜻 내어준다. 아기를 내어주

면서도 엄마는 부끄러운 표정을 짓는다. 더없이 경이로운 생명이 내 가슴에 안겨서 곤히 잠들었다. 경계 없이 순수한 얼굴을 오래 들여다보니 내가 부끄럽다.

어느덧 우리 얼굴에서 사라져버린 부끄러움을 매일 본다. 우리는 어느 사이엔가 귓볼까지 빨갛게 물들이던 부끄러움을 잊어버렸다. 부끄러움보다 자신의 신념에 당당한 얼굴을 지향하고 있다. 부끄

라오스 한 달 살기

러움도 사람이 가지고 있는 감정의 하나인데 사용하지 않으면 점점 도태되어 부끄러움을 모르는 사람이 되어가는 것은 아닐까?

　낯선 일가친척이나 손님이 와도 얼굴이 빨개지고 문기둥에 숨어서 선뜻 나서지 못하는 부끄러움, 손님방에 걸려있는 자신의 옷이 부끄러워서 뺨을 붉히고 작별인사하러 나오지 못했던 '윤오영' 님의 수필에 나오던 진짜 부끄러움 꽃이 라오스 사람들 얼굴에는 만발하다.

인생의 속도를 잠시 늦추고 싶을 때

04
메콩강의 노래

https://youtu.be/-vyMNevDz28   https://youtu.be/sxxwDEkdhO4

    메콩강의 저녁 무렵은 라오스에 발을 딛고 있는 사람들에게 축복의 시간이다. 라오스인들에게 언제부터 저 강이 있었냐고 묻는 일은 '당신 어머니는 어디로부터 왔냐? 당신은 누구냐?' 라고 묻는 것처럼 어리석은 물음이다.
    그럼에도 내가 물었다.
    "저 강이 언제부터 있었나요?"
    그녀는 빙긋 웃기만 한다.
    영어교사라고 자기를 소개했다.
    "메콩강에 백조가 있나요?"
    "아마 있을걸요. 메콩에는 모든 게 있거든요."

    그녀는 매일 오후 강변을 걷는 운동을 하다가 완전히 어두워지면 광장에서 실시하는 무료 에어로빅 시범에 참여하러 가자고 한다.

라오스 한 달 살기

야시장이 시작되는 지점부터 강변광장에서는 매일 저녁 무료로 에어로빅을 할 수 있다. 세 곳 정도에서 동시에 실시하는데 조금씩 난이도가 달라서 자신에게 맞는 곳 아무데나 슬며시 합류하면 된다. 음악과 춤은 내가 어디서 왔는지 잘하는지 못하는지 묻지 않는다.

야시장 끝에서부터 공원과 어린이 놀이터가 연결되어 있다. 공원 입구에는 한국과 라오스 국기가 나란히 박혀 있는 돌비석과 기념비가 있다. 강 건너 태국은 우기에 대비해서 강이 범람하지 않도록 제방공사가 잘되어 있다는데 비엔티안 쪽은 제방공사가 되어있지 않아서 해마다 홍수를 겪었다. 한국기업 '흥화건설'에서 수주를 받고 제방공사를 단단히 해놓은 후로 더 이상 홍수 피해를 겪지 않는다고 한다. 공원과 어린이놀이터를 만들어 기부한 내용을 기념비에 새겨 넣은 것이다.

메콩강이 붉어지고 있다.
천지에 쏟아 부어졌던 햇살이 이제 한곳으로 집합하는 중이다. 눈 닿은 가장 먼 곳을 향하여 붉은 기운이 응집되고 마침내 익어가고 있다.
'저 강이 어디에서 왔느냐'라는 물음에 정답을 명징하게 보여준다.

메콩강은 티벳에서부터 발원해서 중국 미얀마, 라오스, 태국, 베

라오스 한 달 살기

인생의 속도를 잠시 늦추고 싶을 때

트남, 캄보디아를 걸쳐 흐른다. 각각 나라마다 부르는 이름이 다르다. '가장 큰 강, 코끼리 광장, 아홉 마리 용' 이라고도 하지만 라오스는 '어머니강'이라 부른다. 무한한 사랑을 주는 어머니강! 라오스는 바다는 없고 오직 메콩강만 국토의 중앙을 질러 전역을 적시며 흘러간다. 라오인들은 메콩강이 풀어주는 풍부한 젖줄에 깃들어 살아가고 진다. 라오인들의 삶은 메콩강에서 시작해서 메콩강으로 끝난다.

오늘은 작정하고 메콩강과 데이트 할 생각이다. 자전거를 타고 될 수 있으면 여행자 거리에서 멀리 떨어진 곳으로 달렸다. 소음이 심하면 온전히 메콩강과 마주할 수 없기 때문이다. 지금은 건기라서 하루가 다르게 물이 줄어드는 모습을 볼 수 있다. 며칠 만에 강변에 축구 골대가 생겼고 아이들이 공을 차고 있다. 한적한 곳을 찾아 데이트하는 커플들 모습은 그대로 한 장의 화보가 된다.

자전거를 멈추고 간이식당에 들렀다. 한번 얼굴을 익힌 식당 아줌마에게 라오스라면 한 봉지 끓여달라고 했더니 제대로 소통이 되지 않았는지 생라면을 잘게 부숴서 접시에 담아 내온다. 다시 팍팍 끓여달라고 했다. 내 옆에서 통역해주던 아가씨가 있었다. 치아교정기만 빼면 '미스라오스'보다 더 예쁜 얼굴이다. "당신은

라오스 한 달 살기

눈이 예쁘다."라고 했더니 알아듣고 웃는다. 그녀가 슬그머니 일어나서 어디론가 갔다가 다시 돌아왔다. 손에는 비닐봉지가 들려 있었고 그 안에 든 야채 샐러드를 사달라고 권한다. 그사이 집으로 돌아가서 만들어 온 것이다. 라오스인답지 않게 발 빠른 처세이다. 두 봉지를 다 사면 깎아주겠다고 한다. 다 못 팔게 될까 봐 간이 졸아서 딱 두 봉지만 만들어온 것이다.

좋은 생각이 떠올랐다.

두 봉지를 다 살 테니 내 앞에 앉아서 한 봉지는 네가 먹으라고 했다.

그녀는 바이크를 세워놓고 순순히 앉았다.

"집이 어디니?"

손끝으로 강둑 아래 허름한 집들을 가리킨다.

"메콩강은 언제부터 여기 있었니?"

딸 같은 어린 아가씨가 고개를 절레절레 흔든다.

'그래! 너는 몰라도 메콩강은 네가 태어나기 전부터 너를 위해 노래를 불렀고 네가 잠들 때까지 노래를 부를 거야.'

라오스 한 달 살기

05
콩로 가는 길

https://youtu.be/_Zgba2ehYDo

　'콩로'는 비엔티안에서 350㎞ 떨어진 곳에 있는 마을이다. 로컬 버스로는 대략 7시간 정도, 승용차로 5시간 30분 정도 걸린다. 라오스에서 가장 큰 동굴인 콩로동굴과 계곡을 흐르는 에메랄드 물빛에 반해서 유럽인들이 휴양지로 많이 찾는 곳이다. 오후 4시 이후엔 동굴 투어를 할 수 없고 입장을 제한하기 때문에 무조건 일찍 도착해야 동굴 투어 후에 계곡에서 물놀이도 할 수 있다. 우기라서 도로가 패였거나 유실되었을까 봐 걱정했는데 생각보다 도로가 잘 닦여있는 편이었다.

　건기에는 도로 양옆 20미터 정도는 붉은 흙을 뒤집어쓴 나무들로 인해 사방이 붉고 텁텁하다. 하지만 지금은 물기를 흠뻑 머금은 초록나무와 뭉게구름이 눈과 마음과 길을 밝혀준다. 창밖으로 보이는 원주민 마을과 전통가옥도 바짝 메말라 있던 건기 때보다

훨씬 여유롭게 보인다. 이제 막 싹을 틔운 어린 모가 걸음마를 시작한 아이처럼 땅을 짚고 일어선다. 길을 가로질러가는 소떼는 시간을 엿가락처럼 늘여놓는다. 마침 진흙웅덩이에서 '머드팩'하고 있는 물소무리를 만났다. 콧구멍 크기 내기라도 하듯 코만 벌름거리며 미동도 하지 않는다. 아예 대놓고 사진을 찍어대는 나를 향해 '드루와!' 하는 것 같다. 큰나무 그늘에서 쉬고 있는 염소가족은 꽃사슴인지 꽃염소인지 구분이 안되게 어여쁘다.

인생의 속도를 잠시 늦추고 싶을 때

딱 승용차 한 대만 지날 수 있는 나무다리를 정확히 세 개를 건너면 마을이 나타난다. 막다른 길에 '콩로'라고 써진 높은 아치형 이정표가 있었다. 입장료(10,000낍)를 내고 들어서자마자 다른 세상이 펼쳐졌다. 마치 정글 속으로 들어온 듯 큰 나무들이 뿌리부터 위용을 드러내고 있다. 묵직한 뿌리를 딛고 키를 돋운 나무들이 햇볕 차양막을 펼쳐놓고 있다. 발밑은 축축하고 물기 어린데 바람은 달달하고 시원하다. 먼 길 달려온 수고를 환영하듯 나비 떼가 군무를 펼친다. 바위 위에 살포시 앉았다가 한꺼번에 와르르 날아오르고 다시 나래를 세우고 앉기를 반복한다.

'동굴투어'부터 시작했다. 수량이 너무 많아도 적어도 '동굴투어'를 할 수 없다는데 딱 알맞은 때에 와서 '동굴투어'를 할 수 있는 것만도 고맙다. 보트를 타고 한 시간 정도 들어가면서 석회암 동굴을 조망하는 것이다. 보트를 운전하는 사공이 구명조끼와 플래시를 하나씩 나눠준다. 설명해줘봐야 금방 잊어버리고 말 것을 알고 있는 것인지 영어도 라오어도 못 알아들을 것을 예상한 것인지 사공은 운전에만 열중할 뿐 한마디도 하지 않는다. 그의 보트 운전 솜씨는 놀랍다. 동굴 길이가 7.5km에 이른다는데 그는 샅샅이 알고 있는 듯 이마에 달고 있는 플래시 불빛 하나로 노련하게 운전했다.

라오스 한 달 살기

산에서 흘러내린 투명한 물빛 속을 노니는 물고기들을 훤히 볼 수 있다는데 아쉽게 물빛은 흐려있었다. 얼마 가지 않아서 배를 멈췄다. 사공은 걸어서 동굴 안을 구경하고 나오면 반대편에서 기다리고 있겠다고 몸짓으로 말한다. 석회암 동굴 안에 모래언덕과 기암괴석이 이어지고 조명을 설치해놓아 신비로운 느낌이 든다. 잠시 걷는데 물기 없는 동굴 안에서 온몸이 땀으로 범벅이 된다. 기다리고 있는 사공이 더없이 반갑다. 배를 타고 한 시간 정도 어두운 동굴 속을 지나간다. 지루한 느낌이 들 때쯤 분지처럼 솟아 있는 동굴 밖 휴식처에 닿았다. 다시 밀림이다. 딱 한 개 있는 작은 가게에 과자와 라면을 조롱박처럼 매달아놓고 주인 여인은 베틀 앞에 앉아서 베를 짜고 있다.

그 사이 사공이 라면을 먹는다. 라오스 라면은 우리나라 라면의 반 정도밖에 안 되는 적은 양이다. 나도 덩달아 똠양꿍맛 컵라면을 주문했다. 라오스 사람들은 라면을 거의 생라면 수준으로 덜 익혀서 먹는다. 면발이 살아서 그릇 밖으로 기어 나올 것 같다. 내 것은 제쳐두고 사공이 주문한 라면 국물만 몇 번 들이키고 말았다. 숲속 나무 아래 붉은 음료수병을 나란히 놓아두고 파는 것이 눈에 띄었다. 마을까지 가려면 57㎞를 나가야 하는데 바이크에 넣을 휘발유를 파는 것이라고 한다.

유배지처럼 조용한 밀림 속 분지에서 혼자 놀고 있는 가겟방 주인 딸을 손짓으로 불렀다. 큰 눈망울이 섬짓섬짓 다가온다. 한 번도 손질한 적이 없는 듯 흘러내린 머리카락이 산발이다. 심심하던 차에 머리 손질을 해주고 과자 한 봉지를 안겨주었다. 사진 한 장 찍으려고 웃으라고 했더니 억지로 입을 옆으로 벌린다. 무표정도 아니고 부끄러움도 아닌 그냥 순진무구다. 그 아이 머리 위에 말풍선이 '난 억지로 안 웃거든요' 한다.

06
콩로, 비그림

예약해둔 리조트를 찾아 들어갔다. 불러도 사람은 그림자도 보이지 않고 미모사 나무에 보라색 꽃만 무성하다. 주차장에 차가 한 대도 없는 것을 보니 손님이 없다는 얘기다. 한참 후에 방금 잠에서 깬 듯 푸석한 얼굴로 청년 한 명이 나와서 방으로 안내한다. 먼저 저녁식사 주문부터 했다. 식사 준비하는 데 2시간 걸린다고 한다. 역시 라오스답다. 무슨 일이든 급한 게 없다. 하루 종일 350㎞를 달려온 데다 덜 익은 컵라면은 휘젓다 말았으니 뱃속에서 급호출 신호를 보낸다. 하지만 군말 없이 2시간을 기다려야 한다.
라오스니까!

해 질 녘 마을을 돌아본다. 콩로 마을엔 4군데 정도 게스트하우스가 있다. 유럽인들이 많이 찾는 곳이라서 게스트하우스로 보이는 건물을 짓고 있는 곳도 눈에 띈다. 홈스테이하는 집 한 군데 발

견했는데 다음에 다시 방문하게 되면 머물 곳으로 점찍어 두었다. 라오스 현지인들은 아이를 많이 낳는다. 평균 5명에서 7명 정도 낳는다고 하니 마을 입구에 들어서면 제일 먼저 아이들이 눈에 띈다. 아이들은 낯선 사람의 방문에 아랑곳하지 않는다. 물웅덩이에서 철벅거리다가 햇볕 아래 몸을 내놓는다. 부모가 양육하는 것이 아니라 자연 속에서 저절로 자라는 것이다. 자연과 함께 사는 아이들은 자유와 평화를 온몸으로 누린다.

나는 아이들에게 머리핀과 색연필과 옷을 나눠주었다. 역시 여자아이들은 예쁜 것을 좋아한다. 과자를 주면 나눠 먹고 머리핀이나 옷을 주면 더 달라고 손 내밀지 않는다. 주는 대로 받고 안 주면

그만이다. 다른 사람 손에 든 것을 샘내지도 않는다. 라오스 아이들이 떼쓰고 울거나 심술 난 표정을 본 적이 없다. 저렇게 많은 아이들이 모여 있어도 시끄럽게 떠들거나 목청을 돋우는 일이 없다. 라오스 사람들은 태어날 때부터 우리보다 데시벨이 몇 단계 낮은 목소리를 가지고 태어나는 것은 아닌가 싶다.

한차례 소나기가 지나간 자리에 생긴 물웅덩이에서 발가벗은 어린 남매는 물놀이하다가 병아리를 쫓아다닌다. 땅바닥에 내가 어릴 때 놀던 사방치기와 흡사한 모양의 선을 그려놓고 사내아이

라오스 한 달 살기

들이 놀이에 열중하고 있다. 키재기하던 나무들은 오후 햇살이 기울기 전에 광합성작용을 서두른다. 실컷 풀을 뜯은 소는 제 집을 찾아 돌아오고 아이들은 단단하게 엉글어간다. 이렇게 아름다운 '비그림'을 30분 만에 그려놓고 비는 종적을 감췄다. 라오스에서 비는 대지와 인간에게 풍부한 젖이다.

한 가지 재미있는 것을 발견했다. 우리나라 제주도처럼 장대 세 개로 대문을 대신하고 있다. 대부분은 장대 세 개를 모두 내려놓는데 잠시 외출했을 때는 한 개 아주 멀리 출타했을 때는 세 개를 모두 올려놓는다고 한다. 사실 이것도 외부인들이 자꾸 들어오면서 생긴 것이다. 원주민들은 담이나 대문을 만들지 않는다. 그저 발밑에 물이 닿지 않을 정도로 기둥을 세우고 그 위에 편편하게 나무를 깔고 대나무나 짚으로 지붕을 얹으면 그만이다. 대부분 사다리를 놓아 이층을 주거 공간으로 쓴다.

숙소로 돌아와서 주문한 요리를 만드는 주방을 기웃거렸다. 모닝글로리(팍봉) 볶는 냄새가 향기롭다. 치킨 두 조각, 파파야샐러드 만드는 데 청년 두 명이 두 시간 걸렸다. 경이로운 기록이긴 한데 맛있다. 파파야 샐러드가 딱 내 입맛에 맞다. 한 접시 더 주문하려다 잠시 멈칫했다. 또 두 시간 기다리라고 할지도 모르지만 어쨌든 한 접시 주문했다. 그런데 주방으로 가지 않고 바이크가 있

는 마당쪽으로 간다.

　'어디 가?'

　나는 한국어로 말한다.

　'저기 가.' 손짓으로 말한다.

　'나도 같이 가.'

　잽싸게 바이크에 올라탔다. 질퍽질퍽한 흙길을 달려 리조트 뒤에 있는 숲속으로 들어가니 파파야 나무가 있다. 럭비공 같은 파파야 하나를 뚝 따서 나에게 건네주고 옆에 있던 라임도 하나 들고 온다. 돌아와서 다시 식탁에 앉았다. 또 기다린다. 맛있는 음식의 시작은 기다림이다. 파파야를 발견한 콜롬부스가 천사의 열매라고 극찬을 했다는데 나에게는 인내의 열매다.

어느새 어둠이 하늘에 가득 찼다. 어둠이 투명하다. 낮에 햇볕 가림 용도로 쳐놓았던 그물막 사이로 북두칠성이 빼꼼 나를 내려다본다. 별도 외로웠던가? 손바닥만 한 스마트폰에 코를 박고 살아가는 동안 나는 별을 보지 않았다. 네팔 안나푸르나 봉우리를 감싸고 있는 설광을 반사시켜주던 그 별빛! 가장 어두워서 가장 빛나던 그 별빛을 바라보며 다짐했던 기억이 벌써 흐물흐물해지고 있었다. 별이 참다못해 찾아온 것이다.

'여기 좀 봐라! 여기!'

북두칠성 네모난 국자가 내 귀에 대고 말한다.

라오스 한 달 살기

07
방비엥 가는 길

비엔티안에서 방비엥으로 가려면 북부 터미널에서 미니밴을 타야 한다. 터미널에 정차해 있는 차량은 대부분 미니밴이다. 티켓 창구에 얼굴을 바싹 들이대고 '방비엥'이라고 외쳤는데 티켓을 끊어주지는 않고 미니밴을 타고 가라고 손짓이다. 라오스에는 미니밴이 시외버스 역할을 톡톡히 한다. 곧 떠날 차는 맨 뒷자리만 남았고 30분 기다리면 다음 차가 온다고 한다. 다섯 시간을 달릴 것인데 뒷자리는 아무래도 불편할 것 같다. 다음 차를 타고 앞 좌석에 앉는 편을 선택했다. 길쭉한 바게트 빵 안에 야채를 잔뜩 집어넣은 샌드위치와 물 두병을 사서 운전기사 뒷자리에 자리를 잡았다.

미니밴은 금방 만석이 되었다. 동그란 얼굴의 운전기사와 차장 아줌마가 탔다. 이 차장 아줌마가 버스요금을 받고 잔돈을 거슬러 주는 역할을 한다. 차장은 택배 배달도 한다. 비엔티안에서 방비

라오스 한 달 살기

엥까지 가는 동안 있는 작은 마을에 전달할 물건을 배달하고 오는 것이었다. 빈자리가 하나도 없으니 다섯 시간 내내 문 앞에 서서 갔다. 배달할 물건까지 발밑에 있어서 꼼짝도 할 수 없는 상황을 견뎌내고 있었다. 말없이 운전기사보다 더 파워가 있어 보인다.

 방비엥으로 가는 길은 멀고 험했다. 포장된 길은 움푹움푹 패여 있기 일쑤이고 비포장도로에 접어들면서부터는 먼지와 구불구불한 구간의 연속이었다. 길가에 먼지를 뽀얗게 뒤집어쓴 집들이 많이 보였다. 라오스 정부에서 인구조사를 실시했는데 사람들이 주로 산속에 집을 짓고 살고 있어서 인구조사하기가 매우 어려웠다. 정부에서 지붕으로 쓸 수 있는 슬레이트 몇 장씩 나눠주고 무조건 잘 보이는 길가로 나와 살도록 총을 들이대며 위협한 결과라고 한다. 라오스가 공산주의라는 사실이 새삼 느껴진다.

 먼짓길 속에도 노란색 귤은 빛을 발한다. 라오스는 지금 겨울이라서 귤이 제철이다. 길가 노점에 귤을 쌓아놓고 팔고 있는 곳이 계속 이어진다. 귤을 팔고 있는 사람은 대부분 젊은 여성들이다. 앞차가 달리며 일으킨 먼지를 귤 파는 아가씨가 그대로 맞고 있다. 차장 아줌마에게 부탁해서 귤 2kg 샀다(1,400원). 차 안에 타고 있는 사람들에게 봉지째로 뒤로 돌리며 하나씩 집어 먹으라고 했다. 귤 한 봉지로 꽉 차 있던 차 안이 운기가 흐른다.

라오스 귤은 정말 맛있다. 껍질 반질반질한 우리나라 귤에 비하면 껍질에 검은 반점이 잔뜩 묻어 지저분하게 보이지만 사실은 유기농이다. 속살은 부드럽고 달콤한 맛이 계속 입맛을 끌어당기는 묘한 매력이 있다.

휴게소에 닿았다. 미니밴 안에 꾹꾹 눌러두었던 사람과 짐이 기지개를 켠다. 먹을 것을 사고 손을 씻고 각각의 볼일로 분주하다. 차 있는 곳에서 좀 떨어져서 혼자 담배를 피우고 있는 운전기사의 뒷모습이 보였다. 혼자 뒤돌아 서 있는 남자의 어깨는 쓸쓸하게 보인다. 어쩐지 가볍지 않은 가장의 무게가 느껴지는 어깨다. '커피 한잔 하시겠냐'고 물으니 고개를 젓는다. 물음이 필요 없다. 라오스 사람이 '그러겠다'고 대답할 리가 없다. 나는 운전기사와 차장 아줌마 몫으로 커피 두 잔을 샀다.

비엔티안에서 방비엥으로 가는 길은 구글지도에서 봐도 깊은 산속 길이다. 라오스에는 돌산이 별로 없는 편인데 이 길엔 돌산이 많이 보인다. 오랜 세월 흐르는 동안 지형이 변하면서 융기한 돌산이 위로 솟구친 듯 멋진 풍광을 만들어냈다. 차가 한 모퉁이를 돌아설 때마다 태양이 뜨거운 얼굴을 내비치다가 감추기를 반복하더니 설핏 기운을 잃어간다. 마침내 태양이 점점 기울고 사위가 어둑해진다. 마주 오는 차량 불빛이 검은 산속에 눈알을 부라리는 짐승 같다. 창밖으로 노인 한 분이 지팡이를 짚은 채 혼자 걷고 있다. 길은 어둡고 지나온 마을은 아직 멀리 있는데 저 걸음으로 언제 집에 도착할까 싶어 마음이 쓰인다.

　라오스에 온 여행자들은 꼭 방비엥을 들러가기 마련인데 될 수 있으면 오전에 출발하는 것을 권한다. 보통 낮에는 4시간 정도 걸린다는데 내가 탄 차는 5시간 30분 걸렸다. 직선도로는 도로포장 상태가 나빠서 울퉁불퉁하고 중간지점부터는 산길을 달리기 때문에 곳곳에 위험한 구간으로 이어진다. 방비엥 가는 길은 방비엥에서 기다리고 있는 액티비티 활동의 전초전인 것처럼 아찔 위험하다.

라오스 한 달 살기

인생의 속도를 잠시 늦추고 싶을 때

08
방비엥 새벽시장

https://youtu.be/yDdGy1c_wzI

방비엥에 새벽 시장이 열린다.

게스트하우스 창문을 모두 봉쇄해놓은 탓에 실내가 너무 컴컴하다. 내일 아침 새벽시장에 가려고 알람을 켜두었다. 그런데 알람보다 더 먼저 새벽닭이 깨운다. 여행자 거리 주변이 온통 숙박시설과 레스토랑만 있는 것 같았는데 어디서 닭이 우는지 모르겠다. 라오스는 큰 대나무 바구니를 뒤집어놓은 것이 닭장이다. 일반 가정에서 한두 마리 닭을 키우는데 새벽에 닭 우는 소리가 제일 시끄럽다.

잠자리에 입었던 옷차림에 모자만 쓰고 나갔다. 어제저녁 들어오는 길에 들렀던 브런치카페 주인에게 물으니 손가락으로 '저기'라고 가리킨다. 그의 손끝을 따라 걸어서 5분 거리에 새벽장이다.

길 양옆으로 올망졸망 채소와 과일전이 펼쳐졌다. 각각 싸들고 온 보자기를 땅바닥에 펼쳐놓고 판다. 방금 텃밭에서 따온 것 같은 푸성귀들이 정겹다. 농사짓는 사람들이 돈을 만질 수 있는 순간이다. 매일 열리는 새벽장이니 이미 자리를 확보하고 있는 상인들과 제집에서 키운 날것을 들고 나온 사람은 한눈에 봐도 표가 난다.

생선을 좋아하는 내 눈에 확 들어오는 것이 작은 물고기들이다. 지난밤에 남편이 통발을 놓아서 건져올린 물고기를 아내가 들고 나온 것인가? 바다가 없는 라오스이지만 바다에서 나는 것은 웬만

한 것들이 다 있다. 민물새우와 참게도 있다. 그 앞에 쪼그려앉은 내가 손님을 끌었는지 참게를 사려는 사람이 다가왔다. 꽁꽁 싸두었던 자루를 풀어서 살짝 보여주는데 자루 안에 갇혀있던 참게들이 숨통이 트이는지 발광을 한다.

시장은 백 미터도 안될 만큼 작지만 야채 과일 돼지고기와 선지, 수제햄과 생선튀김 등 없는 것이 없다. 나는 카오람과 구운 생선 한 조각과 망고를 샀다. 마침 빈 탁자에 앉아 아침 식사를 하는 중인데 지나가던 한국인 여성이 말을 붙인다. 그녀는 패키지로 여행 중이고 아침 식사하기 전 자유시간에 잠깐 호텔 밖으로 나왔다고 했다. 패키지 여행에서 호텔 밖으로 나가면 안된다는 엄명을 거역한 셈이다.

"한국인이세요? 혼자 왔어요? 겁나지 않으세요? 외롭지 않으세요?" 네, 네, 네, 네, 라고 대답했지만 사실 언제나 겁나고 늘 외롭다. 두려움과 외로움을 이겨낼 묘책이 있는 사람이 누가 있을까? 낯선 곳으로 갈 때는 언제나 겁이 나지만 겁을 안고 가보는 수밖에 없고 혼자 있을 수밖에 없어서 혼자 여행한다.

나는 인심 좋게 그녀에게 내 음식을 권했다. 그녀는 내가 먹던 생선을 떼어 먹어보고 카오람을 맛보고 나서 카오람 값으로 1달러를 내민다.

'1달러면 카오람 4개는 살 수 있는 돈이다.'

"이 돈으로 내가 카오람 사줄게요. 여행하면서 먹기 좋은 음식이거든요."

그녀와 나는 방금 샀던 곳으로 달려갔다. 그사이에 카오람 팔던 여인이 보이지 않는다. 그녀는 가야 할 시간이라며 뒤돌아섰다.

"내가 1달러 벌었네요."

그녀를 보내고 다시 시장 쪽으로 발걸음을 옮겼다. 그런데 시장 반대쪽에 카오람 팔고 있는 여인이 앉아있었다. 장은 이제 끝판인데 아직 다 팔지 못한 카오람이 장바구니에 수북이 담겨 있었다.

나는 다시 카오람을 네 개 집었다.

오늘 돌아가는 미니밴 안에서 누군가와 나눠 먹을 것이다.

여행하면서 알게 된 사실은 도시보다 시골이 경제적으로 여유 있는 사람보다 없는 사람이 쉽게 말해서 부자 보다 가난한 사람이 먹는 것에 인심은 더 잘 쓴다. 유럽의 노블리스 오블리주 같은 복잡한 과정을 거치지 않고 제 손에 들고 있는 것 뚝 떼어서 나눠 먹는 마음이 더 좋다.

라오스 한 달 살기

09
애들아 놀자!

https://youtu.be/4mPa0j0sP5Y

　선착장 근처에 있는 게스트하우스에 짐을 풀었다. 이 마을에 딱 하나 있는 게스트 하우스다.
　새벽부터 부산을 떨었고 먼 거리를 달려온 탓에 다리가 묵직하다. 가벼운 샤워만 겨우 하고 침대에 벌렁 누웠다. 침대 스프링이 그대로 등에 닿는다. 어디서 주워와서 침대모양이라도 갖추려고 했던 모양인데, 쿠션은 없고 스프링 위에 얇은 이불을 덮어 놓았다. 그대로 곯아떨어지고 싶은 마음과는 달리 잠이 오지 않는다. 사위는 어둡고 고요한데 철벅거리는 물소리와 무언가 스치는 소리가 내 귀를 자극했다. 벽을 긁어대는 것 같기도 하고 침대 밑을 뭔가 기어오르는 것 같다. 저벅저벅 발소리가 엉성한 창을 타고 들이닥칠 것 같기도 하다. 귀를 곤두세우고 있으니 잠은 점점 멀리 달아난다.

겨우 어찌어찌 설핏 잠이 들었던가 보다. 여명이 밝아오는 느낌이 들었다. 밤새 내 신경을 자극하던 소리는 아직 그치지 않았다. 주변이 밝아지자 나는 용기를 내어 그 소리의 정체를 확인하기 위해 과감히 방문을 열고 나왔다. 집 뒤를 돌아가서 본 나는 어이없이 픽! 웃고 말았다. 손바닥만 한 나룻배 하나가 내 창문 아래서 혼자 춤을 추고 있었다. 물이 일렁이는 대로 밤새 혼자 노닐다가 물속에 잠긴 나무뿌리가 삐져나온 부분에 닿거나 스치면서 내는 소리다. 기껏 저 소리에 잡혀서 밤새 떨었다니! 억울하다.

인생의 속도를 잠시 늦추고 싶을 때

　사실 두려움이라고 느끼는 감정은 경험해보지 않았거나 실체를 모르기 때문에 일어난다. 실체를 알고 나면 아무것도 아닌데 몰라서 두려운 것이다. 혼자 여행하며 가장 많이 듣는 말이 '겁나지 않냐?'는 질문이다. 이 질문 속에는 칭찬과 격려보다는 내 인간관계에 대한 부정적인 의미를 내포하고 있거나 대단히 간 큰 여자라는, 여성 답지 못하다는 약간의 비판적인 의미도 담고 있다. 나는 혼자 묻고 스스로 극복한다. 여행은 외로움, 두려움이 있어야 가능한 일이고 모든 '이룸'은 두려움의 강 건너에 있는 것이라고,

라오스 한 달 살기

　　남능댐의 푸르스름한 물결이 밤을 딛고 펼쳐졌다. 점점이 떠 있는 섬과 물 위로 고개를 내민 고사목과 산과 하늘의 경계를 이루는 진회색 스카이라인 실루엣을 배경으로 손바닥만 한 쪽배가 유유자적 놀고 있는 숨 막히게 아름다운 이 풍경을 두고 무서움에 떨었다니, 언제 또 볼 수 있을지 모르는 풍광이 아깝기만 하다. 나는 날이 훤하게 밝아올 때까지 이 알싸한 행복을 놓치고 싶지 않아서 선착장까지 걸었다. 한참 뒤 일행들도 일어난 듯 수런거렸다. 우리는 마을을 한 바퀴 돌아보며 이 마을을 즐겼다.

인생의 속도를 잠시 늦추고 싶을 때

이들은 남늉댐이 삶의 원천이고 터전이다. 강 언저리에 고산족이 전통집을 짓고 살아간다. 대여섯 개의 나무를 기둥으로 떠받치고 원두막처럼 지은 가옥이다. 가릴 것도 감출 것도 없는 옹색한 살림살이가 훤히 다 보인다. 이들에게 '프라이버시'라는 단어는 없는 것 같다. 같이 놀고먹고 결혼하고 살고 진다. 울타리도 없고 경계도 없다. 동물도 같이 산다. 구유처럼 긴 먹이통에 소, 닭, 돼지, 오리가 머리를 들이대고 같이 먹는다. 닭은 큰 대나무 바구니로 만든 닭집이 있어서 어디를 가나 눈에 띄는데 소는 분명히

라오스 한 달 살기

소유가 정해져 있을 것인데 외양간이 없고 그냥 길바닥에서 잔다. 어젯밤에 시장에 나갔다가 길바닥에서 잠든 소들이 우리가 떠드는 바람에 어둠 속에서 고개만 들고 '누가 이렇게 떠드냐'고 묻는 것 같았다. 우리는 야단맞는 아이처럼 쉿! 조용! 했었다.

 아침은 강에서 시작된다. 바로 집 앞이 강이니 거기서 머리를 감고 이빨을 닦고 설거지를 한다. 물을 긷고 빨래를 하는 것은 여성들이고 남자들은 그저 아이를 안고 있거나 멍하니 앉아있다. 사내아이들은 낚시를 하고 아직 잠에서 덜 깬 어린 동생은 눈을 비비

며 누나를 찾아 걸어 나온다. 빨래하는 모습을 한참 지켜보았는데 한쪽 손은 뒷짐을 지고 한 손으로 빨랫감을 물에 흔들어 건져내는 것으로 '빨래 끝'이다. 강물에 합성세제를 풀어내지 않는 게 다행이라는 생각이 든다.

우리는 가지고 온 과자와 공책을 들고 아이들 곁으로 갔다.
"얘들아 놀자! 과자 먹자!"
어차피 알아듣지 못할 거니까 한국말로 아이들을 불렀다. 아이들은 쭈뼛거리기만 할 뿐 다가오지 않았다. 훅! 하고 달려들지도

라오스 한 달 살기

않고 먼저 손을 내밀지도 않는다. 손에 쥐여준 과자를 움켜잡지도 않는다. 한 손에 움켜잡고 다른 손을 또 내밀지도 않았다. 아이들이 쫓아올 거라는 내 예상은 빗나갔다. 나눠주는 우리나 받는 아이들이나 똑같이 쑥스러웠다. 어떤 표정을 지어야 할지, 어떻게 고마움을 표현해야 할지 몰라서 그냥 무덤덤해 하는 것 같았다. 내가 오히려 구경거리였다. 그들은 그들의 삶을 살고 나는 그들의 삶을 통해 멀어져 간 향수를 본다.

아이들을 따라 학교로 갔다. 학교 건물이 우리나라 원두막보다 못하다. 엉성하게 갈대를 엮어올린 지붕에 벽은 대나무 바구니처럼 성글다. 비가 오면 빗줄기가 그대로 아이들 머리 위로 떨어질 것 같다. 그래서 비 오는 날은 학교 안 가는 날이다.

교실 안을 들여다보았다. 교실 바닥은 맨 흙바닥 그대로 실내외 구분이 없다. 정면에 달랑 초록색 칠판 하나만 걸쳐두었다. 칠판 닦는 지우개가 헌 옷 뭉치다. 국기는 물론 지도자 사진도 급훈을 적어놓은 액자도 아무것도 걸린 것이 없다. 벽이 없으니 무엇을 걸어놓을 곳도 없다. 있는 것은 아이들과 선생님뿐이다. 돌아서 나오는데 발걸음이 떨어지지 않는다.

불현듯 선풍기 몇 대 사서 천정에 달아줬으면 딱 좋겠다는 생각이 번개처럼 스친다. 꼭 이곳에 다시 올 것이다. 그때는 내 손이 감당할 수 있을 만큼만 들고 와야겠다고 나 혼자만의 새끼손가락을 걸었다.

인생의 속도를 잠시 늦추고 싶을 때

라오스 한 달 살기

인생의 속도를 잠시 늦추고 싶을 때

10
소금마을 콕싸왓

https://youtu.be/XxJR6karxE4

    내륙 국가인 라오스에도 소금이 난다. 수도인 비엔티안에서 멀지 않은 곳에 있어서 한국인 관광객이 많이 찾는 곳이다. 소금마을 콕싸앗이다. 큰 도로에서 벗어나 콕싸앗 쪽으로 돌아서면서부터 진흙이 마치 붉은 주단을 깔아놓은 것 같은 묘한 분위기를 자아낸다. 숲속 어디에선가 마술사의 마법이 펼쳐질 것 같은 느낌이다. 마법의 나라가 그렇듯 소금마을도 어딘가 엉성하고 부족하다. 땅은 붉고, 불을 때는 가마는 덥고, 시커멓고 하늘로 오르는 연기는 맵고 탁하다. 입을 닫고 코로만 숨을 쉬려니 입술에 힘이 들어간다.

    이곳은 원래 지층의 변화가 일어나기 전에는 바다였던 곳이다. 지형이 융기되면서 육지가 만들어졌기 때문에 땅속에는 이미 바닷물이 굳어서 암연이 되어있기도 하고 땅속에 고여 있는 물은 곧

소금물인 것이다. 지하 200미터 안에 있는 소금물을 끌어올려서 소금 결정체를 만드는 것이다. 실제로 땅속에 박아놓은 수도관을 통해서 나오는 물은 식수로는 사용될 수 없다. 지하수를 끌어올려서 뜨거운 햇살에 건조하는 방식과 가마에 불을 지펴 물을 증발시키고 소금을 만들어내는 두 가지 방식이 있다.

인생의 속도를 잠시 늦추고 싶을 때

가마에 불을 지피는 작업을 여자들이 한다. 가마에 불을 꺼뜨리면 절대 안 되기 때문에 하루에 16시간 불가마 앞에서 장작을 집어넣으며 불 조절을 한다. 마침 가마에 넣을 땔감을 실은 트럭이 장작을 수북이 내려놓고 간다. 오늘 감당해야 할 고통의 무게다. 젊은 여자가 베트남 모자인 '농'을 쓴 채 쉬지 않고 가마에 장작을 넣는 모습을 한참 지켜보았다. 산더미 같은 장작을 언제 다 땔까 싶은 내 걱정과는 달리 그녀는 기계처럼 오가며 장작을 하나씩 불아궁이 속으로 던져 나른다. 끝이 없는 일이니 끝을 기다리지도 않고 끝내려고 애쓰지도 않는다. 다만 오고 갈 뿐이고 장작을 들었다 놓을 뿐이다. 재 너머 긴 밭을 언제 다 갈 것이냐고 미리 걱정하지 않는다. 자기앞에 주어진 생을 다만 견뎌낼 뿐이다.

시지푸스의 신화에 나오는 바윗덩어리를 위로 굴리는 고통과 다르지 않다. 하지만 삶에 대한 강한 애착의 발로이다. 아무리 힘들어도 주어진 삶을 끝까지 살아내는 강인함이 인간이 가진 무기다. 그래서 저 여자의 노동에서 숭고함이 느껴진다.

곧 무너질 듯 허름하게 보이는 창고마다 코코넛 속살 같은 소금이 들어 있다. 10년 전에 소금마을에 왔을 때와 하나도 변하지 않았다. 라오스 사람들의 속마음 같기도 하다. 한걸음 밖에 있는 비엔티안에 새로운 문명이 들어오고 다른 나라 자본이 빠뚜싸이 거리를 중심으로 눈이 휘둥그레지도록 변해가고 스마트폰 하나에

라오스 한 달 살기

매달려서 겉모습을 치장하는 문화를 쫓아가느라 허둥거리는데도 이곳은 변함이 없이 장작으로 불을 때고 소금물을 말린다.

   세상의 모든 부패를 막아내는 가장 강력한 방부제가 소금이다. 단 한 번도 주인공으로 나서지 않지만 사람과 물질을 구성하는 기본 요소이고 뼈대이다. 분명히 짤 것을 알지만 혀끝에 대보았다가 너무 짜서 퇴! 뱉어버렸다. 이렇게 맨몸으로 달려드는 것을 소금은 좋아하지 않는다. 다만 조용히 스며들어 감당하는 것이다. 무너질 것 같은 이 창고 건물을 받치고 있는 것도 소금 무덤이다.

인생의 속도를 잠시 늦추고 싶을 때

라오스의 강한 햇살에 찌고 장작불에 익은 소금을 소복소복 담아놓았다. 딸랏싸오 시장에서 봤던 쌀과 똑같다. 산에서 나는 쌀과 바다에서 나는 쌀이 다르지 않다. 저 식량들은 인간의 가장 말초신경까지 퍼져 순환의 고리를 연결할 것이다.

포장된 소금을 쌓아두는 창고에는 비닐봉지에 담겨 다른 세상으로 날아갈 채비를 마친 소금이 가득하다. 여자들이 포장된 소금 뒤에 기댄 채 눈을 붙이고 있다. 노동 뒤에 찹쌀밥 한 덩어리같이 달달한 꿀잠이다.

11
공항의 두 남자

https://youtu.be/Cv9aTiG0fIA

    루앙프라방에서 다시 비엔티안으로 가는 비행기를 탔다. 루앙프라방공항 대합실에서 탑승하러 갈 때 출입구 앞에 빨간색과 파란색 우산이 꽂혀 있다. 활주로 시멘트 바닥 지열과 직사광선을 가리기 위해 승객들에게 서비스하는 우산이다. 나는 빨간 우산을 집어들었다. 그런데 사실은 대부분의 승객이 빨간 우산을 집었다.
    남녀 모두 파란색보다 빨간색을 더 선호한다는 말이 사실인 것 같다. 비오는 날 빨간 우산을 쓰면 여성 얼굴이 더 이쁘게 보인다는 사실의 반영일까?

    라오스 국내선은 작은 비행기다. 옆자리에 한국 아가씨가 앉았다. 한눈에 봐도 한국 아가씨들은 스타일이 멋지다. 특별히 꾸미지 않아도 그냥 세련된 이쁨이 있다. 왜 혼자냐고 물으니 모바일로 예매한 티켓이 잘못되어서 헤어졌다는 것이다. 한 시간 차이로

라오스 한 달 살기

다른 비행기 티켓을 예매한 사실을 탑승 직전에 알았다는 것이다. 친구는 앞에 간 비행기를 타고 공항에서 기다리고 있을 것이라고 했다.

"재미있는 일을 만들었네."

"아뇨, 친구가 화를 내며 가서 마음이 불편해요." 한다.

"여행이 계획대로 착착 진행되면 나중에 오히려 에피소드가 없을 텐데 훗날 얘기할 거리가 만들어졌으니 오히려 좋은 여행이지."

루앙프라방에서 비엔티안까지는 50분 정도 걸린다. 서비스로 나온 물 한 병 다 마시기도 전에 착륙할 준비를 한다. 비행기가 지상에 닿는 순간 내 휴대폰이 울린다.

"앤 이모 도착했어요? 밖에서 기다릴게요." 존이다. 비행한 시간보다 짐 찾는 시간이 더 걸린다. 다음부터는 정말 트렁크 가지고 오지 말아야지 싶다. 트렁크를 앞세우고 공항 밖으로 나오는 순간 시커먼 헬멧을 쓴 두 남자가 손을 흔든다. 하루씨와 존이다. 두 남자가 마치 제임스딘처럼 바이크 시트 위에 비스듬히 걸터앉아 있다. 좀 멋지다.

바이크로 공항에 마중 나와서 출구 앞에 버티고 서 있는 두 남자가 너무 반갑고 고맙다. 하루씨가 내 트렁크를 바이크 뒤에 묶었다. 그런데 트렁크가 자꾸 미끄러져 떨어질 것 같다. 하루씨가 한 손으로 잡고 바이크를 몰 기세다. 존이 출발하려다가 멈칫한다.

라오스 한 달 살기

"헉! 앤 이모 헬멧 안 가지고 왔네."
"오는 길에 경찰이 쫙 깔렸던데."
"어쩌겠어, 잘 피해서 가봐야지."
라오스 교통경찰은 근무지가 바로 길거리 현장이다. 현장으로 출근하고 현장에서 퇴근한다.
바이크 시동도 걸기 전에 데롱데롱하던 트렁크까지 나동그라지기 직전이다. 할 수 없이 트렁크를 바이크 앞자리에 모시고 나는 존 뒤에 탔다. 존의 등 뒤에서 손을 앞으로 최대한 뻗어 트렁크가 떨어지지 않도록 바퀴를 꽉 잡았다.
"공항패션이란 말도 있는데 이건 너무 모양 빠진다."

인생의 속도를 잠시 늦추고 싶을 때

"지금 패션 논할 때가 아니거든요."

앞서 달리던 하루씨가 경찰을 발견했는지 손짓으로 신호한다. 공항 근처라서 경찰이 정말 많이 나와 있었다. 좌회전 신호를 앞두고 작전을 벌였다.

"좌회전할 때 경찰이 잡지 못하게 1차선으로 들어가서 돌아 내가 옆에서 호위할게."

이곳 교통경찰에게 외국인은 참 쉬운 밥이다. 헬멧도 쓰지 않았고 트렁크를 앞으로 붙잡고 가는 어설픈 외국인은 영락없는 먹잇감이다. 신호가 들어오고 작전대로 1차선으로 회전했다. 그리고 1차선으로 계속 달렸다. 하루씨가 옆에서 '사이드카'처럼 호위했다.

오! 국위 선양하고 돌아온 선수 같다.

교통경찰 앞을 휘리릭! 지나왔다.

마당까지 논스톱으로 들어오니 검둥이 개 브라우니가 반겨준다.

라오스 한 달 살기

브라우니 뒤로 월든이 쫓아 나온다.

"보고 싶었어." 몇 년을 이별했던 사람들처럼 껴안고 비비고 난리다. 웬 소란인가 싶어서 뒤채의 중국인들도 나와 본다.

마당카페에 강사장도 와 있었다.

"어이 나도 있어! 내가 자네 주려고 이태리에서 샐러드 사 왔어."

지난번에 비엔티안에 있는 유일한 이태리식 피자집에 갔을 때 먹었던 그 샐러드다.

마당 한쪽에 트렁크를 팽개쳐놓고 이태리 샐러드를 먹었다.

"나는 아무래도 전생에 나라를 구했나 봐, 공항에서부터 제임스 딘 같은 두 남자 경호를 받으며 교통경찰도 물리치고 개선문을 통과해서 노천카페에 이태리 샐러드로 환영 만찬을 열고 있으니 말이야."

"이제 우리 식구들이 다 모였네."

마당이 시끌벅적하다.

12
방물장수

아침 탁발 시간이 지나고 나면 골목은 다시 조용해진다.

이층에서 내려다보면 탁발 스님들 지나간 자리가 파도가 지나간 모래벌판처럼 고적하다.

다시 잠이라도 드는 걸까? 길 건너 슈퍼마켓의 주인 마담도 오늘은 보이지 않는다. 그녀는 매일 아침 빗자루로 집 앞을 쓸어내린다. 키 작은 사람이 자루를 짧게 잡고 빗자루질 하는 것을 보면 마치 땅바닥에 엎드린 것같이 보이곤 했다.

큰길에서 두어 블록 들어와 있는 이 골목은 바이크 소리도 크게 들리지 않는다. 이 골목의 아침은 늦게 열린다. 해가 중천에 있는데 활발한 움직임은 보이지 않는다. 다시 들어가서 잠을 청하기도 애매한 시간이라 마당을 서성거리다가 큰 컵에 커피 한 잔 들고 골목을 걷는다.

라오스 한 달 살기

내심 기다리는 사람이 있다. 마침 저 멀리 그녀의 모습이 보인다. 베트남 모자 '농'을 쓰고 어깨에서부터 길게 늘어뜨린 바구니에 채소와 과일, 식료품 등 생필품을 양쪽 바구니에 담아 매고 팔러 다니는 아줌마다. 방물장수인 셈이다. 그녀가 '농'을 쓰고 다니는 이유는 멀리서도 잘 보이라고 쓰는 것이다. 이 골목에는 큰 저택이 많아서인지 아니면 구역이 정해져 있는 것인지 그녀의 방문을 기다리는 단골이 있다는 것도 나중에 알았다.

몇 번 마주치고 나서 알게 된 사실은 항상 같은 품목을 가지고 오는 것은 아니라는 것이었다. 어떤 날은 야채를 비롯한 과일 종류와 카오람을 가지고 오고 어떤 날은 생돼지 고기를 매고 다닌다. 생돼지고기를 파는 장면을 본 적이 있는데 파는 사람이나 사는 사람이나 고깃덩어리를 손으로 뒤적거리다가 저울에 무게를 달아서 파는 것을 보고 이들의 위생관념에 흠칫 놀랐다. 자외선이 강해서 자연소독이 된다고는 하는데 위생적이지 않아 보이는 건 내 고정관념인지도 모르겠다. 돼지 고기 옆에 내 주먹 두 개 크기의 쇳덩어리 저울추까지 같이 담겨있는 건 더 놀랍다.

나는 벌써 그녀에게 세 번째 '카오람'을 샀고 은근히 기다리는 사람이 되었으니 단골인 셈이다. '카오람'은 대나무에 찹쌀과 콩을 넣고 코코넛밀크를 밥물로 잡아 쪄낸 것이다. 맛은 달콤하고

라오스 한 달 살기

대나무 향과 어우러져서 약밥 같은 맛이 난다. 카오니아오라고 하는 흰찹쌀을 넣기도 하고 흑미찹쌀을 넣기도 한다. 여행할 때 휴대하기 좋고 이삼일 정도 두어도 상하지 않는다. 대나무 껍질을

인생의 속도를 잠시 늦추고 싶을 때

까서 먹는 재미도 있어서 내가 자주 사 먹는 음식이다. 가격을 이미 알고 있으니 말없이 카오람 두 개와 킵을 교환했다.

  가까이에서 대바구니 안을 들여다보면 꽤 여러 가지 물건이 들어 있다. 야채와 과일과 생필품까지 그 안에 들어 있어서 무게가 가볍지 않아 보였다. 아직도 수북하게 팔아야 할 물건이 담긴 바

라오스 한 달 살기

구니를 다시 매고 멀어져 가는 그녀의 어깨가 얼른 가벼워졌으면 좋겠다.

*또 다른 방물장수도 있다. 손톱 발톱을 깎아주는 사람이다. 작은 바구니를 들고 집 앞 골목을 다니며 서비스 받을 손님을 찾는다. 남자들은 손,발톱을 깎아주기만 하고 여자들에게는 매니큐어를 발라준다(20,000낍, 2,800원). 플라스틱 통을 가지고 다니면서 근처에서 물을 길어와서 손발을 씻어주는 것까지 한다. 적은 양의 물로 씻어주는 것이 답답하긴 한데 서비스받는 느낌 때문에 기꺼이 손과 발을 맡기는 것 같다.

*집 앞에 작은 미용실 있는데 머리만 감겨준다(30,000낍). 라오스 미용실은 머리 감겨주는 것이 주 업무인 것 같다. 우리나라만큼 골목마다 미용실이 많은데 머리 감겨주는 시설을 대부분 갖추고 있다. 라오스 여성들은 파마를 하지 않고 드라이어만 하고 네일아트도 점점 유행이 되어가고 있다. 저녁 무렵 이 미용실에서 머리를 감고 나면 하루의 피로가 씻겨내려가는 것처럼 개운하다.

13
꽃등을 밝히다.

양동이로 쏟아붓듯 세찬 빗소리가 창문을 흔든다. 이층 창을 통해 내다보는 바깥 풍경이 폭우에 젖어 있다. 하얀색 큰 우산 밑에 놓아두었던 플라스틱 신발이 물 위로 둥둥 떠올라 헤엄친다. 게스

라오스 한 달 살기

인생의 속도를 잠시 늦추고 싶을 때

트하우스 정원 가운데 애플망고나무에 달려있던 애플망고가 어제 오후에 막 볼이 붉어지려고 했는데 폭우에 그만 놀라서 다시 움츠렸다. 가지를 꽉 잡은 손아귀 힘이 보이지 않아도 보인다. 물 위에 떠오른 신발을 잡아서 주르르 물을 따라내고 발을 밀어 넣었다. 늦잠에, 게으름에 공짜로 주는 조식도 못 챙겨 먹게 될까 봐 서둘렀다.

유럽인들은 폭우 정도는 아랑곳하지 않고 아침 식사 중이다. 그들은 이 비가 금방 그칠 것을 예상한 것일까? 아니면 뜨겁게 달궈진 대지를 식혀주는 고마운 비라고 생각했던 것일까? 그저 즐거운

표정이다. 조식을 세 번이나 주문해서 먹는 유럽 아줌마와 내가 식사를 다 마치기 전에 비는 들어가고 잇달아 숨어 있던 해가 나왔다.

  오늘 하루 라오스어를 통역해주기로 약속한 라오스 청년이 왔다. 단정한 차림만큼 단정하고 정확한 한국어를 구사한다. 한국에서 대학교에 다녔다고 한다. 한지에 꽃을 넣어서 만드는 곳으로 갔다. 닥나무 줄기를 벗기고 삶고 짓이기는 과정을 몇 번 거쳐서 한지를 만드는 과정을 지켜보았다.

  어릴 때 할머니 집 창호 문에 박혀 있던 단풍잎이 생각났다. 늦

 가을 김장을 끝낸 할머니와 엄마는 겨울 채비로 창호지 문을 새로 발랐다. 한겨울을 보내는 동안 삶의 군기와 할아버지의 담뱃진이 묻어 있던 궁상을 떨어내고 새 창호지를 바르는 것이다. 엄마는 입안 가득 머금고 있던 물을 푸푸 뿌린 후에 문살이 틀어지지 않도록 응달에서 말린다. 까슬하게 건조된 문살 위에 새하얀 창호지를 살며시 바르고 책갈피 속에 말려두었던 단풍잎을 살짝 애교점처럼 붙여두는 것이었다. 단풍잎은 방 안에서 우리와 함께 동면하며 봄을 기다리는 것이다.
 이 한지 가게는 라오스에서 가장 오래된 집이다. 모계사회인 라

라오스 한 달 살기

인생의 속도를 잠시 늦추고 싶을 때

오스 여성의 친정 쪽 3대에 걸쳐 지금까지 내려온 집이다. 지금 주인인 이 여성의 할아버지가 처음 한지를 만들기 시작했고 한지 속에 꽃잎을 같이 넣어 꽃등을 만들기 시작했다.

떡 반죽처럼 물컹해진 닥나무 덩어리 한 주먹을 집어 물에 잠긴 뜰채에 던져놓고 손으로 골고루 편다. 한지가 담긴 뜰채를 물속에 몇 번 자맥질을 시켜가면서 할 수 있는 한 얇고 편편하게 편 다음 마지막으로 꽃잎을 하나하나 수놓는다. 일일이 수작업으로 하다 보니 균일하고 매끄러운 맛은 없지만 그게 한지의 매력이다. 물속에 있던 채반을 건져 물기를 뺀 다음 햇살 샤워를 시킨다. 열병식을 하듯 나란히 세워놓은 뜰채에서 한지가 익어간다. 햇살 좋은 라오스에서는 한나절이면 꾸둑꾸둑해진다.

반나절을 장화 신은 발로 서서 손이 불어터지도록 물속에 담가놓고 꽃한지를 만들던 여자들이 점심은 너무 단출하다. 달랑 찹쌀밥 한 덩어리와 바나나 하나로 끝내고 돌아선다. 여자 여럿이 모이면 흔하게 일어날 왕수다도 웃음꽃도 없이 그저 묵묵히 일거리에 열중한다. 꽃등이 그녀들의 삶을 아름답게 비춰주지는 못하는 모양이다.

한지에 그림을 그리고 작은 선물 상자도 만들고 그 안에 무엇을 담아도 귀한 대접 받기에 손색없는 포장지와 쇼핑백을 만든다. 방학을 맞아 일손을 돕는다는 여학생 손길이 예쁘다. 이 여학생까지 합세하면 4대째 가업을 잇는 셈이다. 한나절을 구경꾼으로 서성거리는 이방인인 나에게 할머니가 생수 한 병을 건넨다. 말 한마디 통하지 않지만 신기하게 내 외할머니와 모습이 닮았다. 외할머니집 창호지에서 동면하던 단풍잎 기억이 되살아나온다.

인생의 속도를 잠시 늦추고 싶을 때

14
딸랏싸오 새벽시장

https://youtu.be/DzTE8Fvw3nA

　비엔티안에서 가장 복잡한 곳이 딸랏싸오 시장이다. 오늘은 딸랏싸오 새벽시장 구경을 나섰다. 비엔티안 중심부인 빠뚜사이에서 멀지 않은 데다 터미널과 인접해 있는 곳이다. 툭툭을 타면 10,000킵(1,400원) 이지만 오가는 길도 눈에 익힘 겸 자전거를 탔다. 내 숙소에서 자전거로 20분 정도 달렸다. 대통령궁 앞에서 정면으로 보이는 빠뚜싸이 바로 옆에 있다. 아직 밖이 어두울 때 나섰는데 그 사이 햇살이 올라온다. 대통령궁 주변이라서 그런지 교통경찰이 많이 보인다. 자전거를 시장 입구에 있는 보관소에 맡겼다(보관료 240원). 비엔티안에는 바이크와 자전거를 맡아주고 돈을 받는 곳이 많다. 바이크 주차장은 어느새 빽빽하게 주차되어 있다. 나름대로 산뜻하게 정비되어 있는 상가 건물을 지나면 큰길에서부터 노점상이 시작된다.

　비엔티안과 지방에 있는 크고 작은 음식점 식재료를 이곳에서 사고판다. 새벽시장에 나온 사람의 표정도 싱싱하다. 이렇게 많은 사람과 물건이 한데 섞여 있으면서 도드라지게 큰 소리가 나지 않는다. 소리 없이 움직이는 무성 영화를 보는 것 같다.

　새벽시장은 주로 야채와 과일 생선 등 먹을거리를 도소매한다. 수제햄과 메콩강에서 잡은 큰 생선도 이 시장에서 볼 수 있다. 특이한 식재료들도 많이 눈에 띄는데 그중에 개구리도 있다. 크고 작은 개구리 종류도 다양하다.

인생의 속도를 잠시 늦추고 싶을 때

　시장이 너무 넓어서 동행했던 사람과 함께 할 수 없을 지경이다. 한 시간 후에 쌀국수 집에서 만나기로 하고 각각 사고 싶은 것을 맘껏 사기로 했다. 달콤한 과육을 가득 담고 배가 빵빵한 망고와 한 손에 쥐기도 힘들게 큰 아포가토, 멍키바나나, 파파야를 사고 나니 양손이 버겁다(7,400원). 이 새벽 시장은 아침 8시면 마무리한다. 마무리하라는 종이 울리는데 종소리조차 크게 내지 않아도 알아서 시간이 되면 상인들은 물건을 정리하고 장을 거둔다.

　쌀국수 가게는 비가림을 할 수 있는 천정이 덮인 공간이다. 여기는 주로 통조림과 화학조미료 등 수입 식재료를 파는 곳이다. 공장이나 기업체가 없는 라오스 공산품은 대부분 태국에서 수입된 것이다. 인스턴트커피 한 봉지를 사면서 깎아달라고 했다. 선뜻 그러라고 한다. 라오스는 물건값을 턱없이 높게 부르고 깎아주는 흥정을 잘 안 하는 편이다. 물건값이 장소마다 크게 차이 나지 않고 뭉텅 깎아주지도 않는다.

쌀국수 가게 탁자에 걸터앉아 동행자를 기다리며 국수부터 주문했다. 늙수그레한 아저씨가 고수를 넣겠냐고 묻는다. 관록이 묻어 있는 얼굴이다. 당연히 듬뿍 넣어달라고 했다. 곧 국수가 나오고 식탁 위에 있는 각종 양념을 가리킨다. 시장 안이라서인지 쌀국수 양과 위에 올려진 고기 고명도 넉넉하다. 나도 관록 있어 보이는 미소를 보이며 모든 양념을 다 넣었다. 맵고 시고 달고 기름지고 고수 향 찐한 쌀국수 한 그릇을 비웠다.

돌아오는 길 내 앞에 짐을 잔뜩 실은 바이크 한 대가 달리고 있다. 족히 50개는 될 것 같은 비닐봉지가 촘촘히 매달려있다. 바이크는 라오스인들의 발이다. 라오스인들의 삶의 무게를 보는 것 같다.

라오스 한 달 살기

인생의 속도를 잠시 늦추고 싶을 때

15
학교 가는 날

https://youtu.be/pBB3uZsYW4s

　새벽부터 마당이 떠든다. 옅은 바람기를 맞으며 갈대같이 멀쑥하게 키만 큰 풀숲이 수런수런 일어선다. 마당을 밝히는 전등이 화들짝 켜지고 차 문을 여닫는 소리, 발자국 소리, 사람 목소리가 들린다. 기다리던 사람이 왔다. 라오스에 와서 내가 목을 빼고 열흘째 기다린 사람이다.

　사실 어젯밤 잠도 설쳤다. 더운 나라에 오니 나도 모르게 쿨쿨이가 되었다. 비엔티안에 와서 생긴 좋은 버릇은 한번 잠들면 업어가도 모를 정도로 숙면에 든다는 것이다. 그런데 오늘은 현지인 마을과 학교를 방문할 생각에 소풍날 기다리는 아이 마음이다.

　집안으로 들어서는 기척이 들리자마자 이층에서 뛰어내려갔다. 내가 깨어 있었다는 사실을 알려주고 싶어서다. 발밑에 채이는 것이 있다. 어젯밤 준비해놓은 사탕 봉지이다. 아이들에게 나눠줄 츄

파춥스 사탕인데 혹시나 잊어버리고 차에 싣지 못할까 봐 계단 앞에 잘 놓아두고 잤던 것이다. 집 앞 슈퍼마켓에서 츄파춥스 사탕 500개를 주문했었다. 학생이 200명이라고 하니 1인당 두 개씩은 줘야 할 것 같고 선생님들과 도와주는 분들에게도 나눠줄 계산이다. 나는 그것을 자랑하고 싶어서 들고 나왔다.

"뭐니 뭐니 해도 먹을 게 최고야! 노트나 학용품은 공부해야 하니

인생의 속도를 잠시 늦추고 싶을 때

까 머리 아퍼! 애들은 잘 먹고 뛰어노는 게 제일 좋은 거지, 애들 혓바닥을 모두 시퍼렇게 물들여놓을 거야, 사실 선생님들도 그건 재미있는 일 일 걸." 그렇게 우겨서 이틀 전부터 준비해놓은 것이다.

"여기서 간단하게 아침 먹고 출발할 거예요."

하루씨가 벌써 나와서 손님을 맞고 있었다.

라오스에서 현지인 학교를 운영하고 있는 교장선생님이다. 밤새 생각하고 그리던 얼굴과는 다른 옆집 아줌마같이 푸근한 인상이다. 더구나 처음 보는 나를 향해서 하는 말투나 웃는 얼굴 표정이 어제 만났고 오늘 또 만나는 사람처럼 스스럼이 없다. 그녀는 그런 사람이었다. 사람에 대한 경계가 없고 소신 있게 선한 일에 뛰어들어 아우르는 품이 넉넉한 사람이다. 남편도 그에 못지않다. 이국땅에서 라오스 아이들을 위해 학교를 열고 매달 적자운영하는 아내의 학교 운영자금을 남편이 보내준다. 아내가 하는 일을 격려차 한 달에 두 번꼴로 라오스를 다녀간다고 하니 존경스럽기만 하다.

손님 대접이라도 할 생각으로 바게트 빵을 사러 밖으로 나갈 준비를 하는 내 등 뒤에 대고

"뭐 사러 가요? 아침 먹을 거 차 안에 있어요. 꺼내오세요." 한다.

발걸음을 돌려 차 문을 열어보니 먹을 것과 아이들에게 나눠줄 물건들로 가득하다. 내가 생색내려고 사놓은 사탕 뭉치가 무색하다.

"자원봉사하겠다는 사람도 많고 우물이나 펌프 증정하겠다고 하

는 사람도 있어요. 학교를 지어주겠다고는 사람도 있어요. 그리고 라오스 사람들에게 빨리 변하라고 독촉해요. 부채질하고 등 떠밀어서 가난에서 벗어나라고 하지요. 하지만 나는 라오스에 살면서 라오스인들에게 독촉하지 않아요. 이들은 원래 느리면서 평화로워요. 발전되고 새로운 문화에 빨리 편승하는 것이 진짜 라오인들에게 행복을 가져다주는 건지 잘 모르겠어요. 이들은 이대로 행복한데 말이죠."

　라오스 아이들에게 귀한 선물을 주고 성장 발전할 수 있도록 독려하는데 보탬이 될 것이라고 결심하고 대단한 봉사활동을 할 것이라고 다짐했던 내 마음 밑바닥이 들킨 것 같아서 미안했다.

빨리 학교로 달려가서 아이들을 보고 싶은 마음은 눌러지지 않은 채 미니밴에 올랐다. 이미 차 안에는 오늘 방문하는 학교에 나눠줄 물품 때문에 자리가 비좁다. 교장 선생님의 넉넉한 마음 넓이처럼 푸짐했다. 지난밤 내내 아이들에게 나눠줄 선물포장을 했다고 한다. 매년 연말이면 불우이웃돕기하는 장면이 신문방송을 장식하는 자랑에서 비켜선 소박하고 진정성이 담긴 선물꾸러미였다. 그냥 전달만 해주고 올 계획이어서 방문하려는 학교에 미리 연락도 취하지 않았다고 한다.

1시간 정도 달려서 방문하기로 한 학교에 닿았다. 양철지붕에 얌전한 건물 하나를 교사로 쓰고 있고 운동장은 넓고 소박하다. 운동장 한가운데 축구 골대 하나와 자전거 몇 대가 세워져 있다. 교사 한 명이 학교 구석구석을 안내해 준다. 교실은 다섯 칸으로 나뉘어져 있다. 흙바닥에 푸른 칠판 하나 학생들이 공책에 그린 그림을 교실을 가로지른 철사줄에 매달아 놓았다. 네 명이 함께 앉는 책상과 등 받침이 없는 긴 의자가 전부이다. 학교 종으로 사용하고 있는 것은 자동차 바퀴 휠이다. 쇠막대기로 휠을 다섯 번 때리면 수업 시작 종이고 세 번 때리면 수업을 마치는 신호라고 한다. 교사는 허름하지만 비교적 깨끗하게 청소가 되어 있었다.

아이들 소리가 들렸다. 전교생이 모두 교무실 앞 나무 밑에 모여 있다. 학교에서 뭔가 답례를 준비할까 봐 사전에 연락을 안 했는데 오히려 역작용이 일었다. 교장이 수업을 중단하고 전교생을 모

두 교무실 앞으로 집합시켜놓았고 라오반(마을이장)에게도 연락을 취해놓았던 모양이다. 라오스에서는 모든 행사에 라오반의 허락을 얻어야 하거나 초청해야 한다. 우리가 도착하고 나서 라오반 부부가 도착한 것을 보면 급히 연락을 취했던 모양이다. 계획에 없던 큰 행사가 열렸다. 교장을 비롯하여 선생님들 소개와 라오반의 인사 말씀까지 이어지고 나서 우리가 준비한 물품들을 아이들에게 나눠주었다. 선물을 받는 아이들의 표정에서 오랜만에 보는 귀여운 순수를 본다. 이곳 아이들은 학습이 경쟁이 아니다. 경쟁에서 이기는 성공을 가르치지 않는다. 교장선생님의 인사 말씀처럼 이 학교, 이 운동장에서 밝고 건강하게 자라기를 기대한다.

라오스 한 달 살기

인생의 속도를 잠시 늦추고 싶을 때

16
축복의 실

https://youtu.be/llxLiq2A5Iw

학교로 가는 길은 거칠다. 길이 눈에 익다. 바로 방비엥으로 가는 길목이다. 길가에 유난히 많던 귤 판매대를 보니 금방 알 수 있다. 도로포장이 되어 있기는 한데 우기를 지나면서 움푹 패인 곳을 피해서 곡예 운전을 해야 하는 곳이다. 사람도 차 뒤에 실린 물건도 쉴 새 없이 울렁거리고 수런댄다. 아침식사로 먹은 음식이 흔적도 없이 소화됐는지 아이들에게 줄 과자에 자꾸 손이간다.

소박한 학교 건물과 마당이 한눈에 들어온다. 햇볕이 가득 쏟아져 있는 운동장이 고즈넉하다.
저 운동장이 지금 이 학교 아이들에게는 한없이 크고 넓게 보일 것이다. 나도 초등학교를 다 졸업할 때까지 가장 넓고 까마득했던 곳이 학교 운동장이었다. 나중에 어른이 되어 다시 가보고 이렇게 작은 운동장이었나 싶어서 내 눈을 의심했던 적이 있다. 학교 건물

옆쪽에 있는 매점이 눈에 들어온다. 허름하고 옹색하다. 주렁주렁 실에 매달아놓은 군것질거리가 그네를 탄다. 어른의 눈으로 보니 작고 옹색하기만 한데 아이 때는 저 매점이 보물 상자처럼 그리운 곳이었다. 학교에 가지고 가야 할 준비물이나 숙제할 때 필요한 재료들 때문에 저녁 내내 걱정했는데 다음 날 아침 문방구, 매점에 가면 모든 걱정을 한 번에 해결해 주던 곳이 문방구, 매점이었다.

인생의 속도를 잠시 늦추고 싶을 때

사진 찍느라고 넋을 놓고 있는 동안에 우르르 젊은 선생님들이 달려와서 싣고 온 짐을 내리고 준비해놓은 좌석으로 안내를 한다. 큰 느티나무 밑 교무실 앞이다. 그곳에 200명의 아이들이 모두 모여있다. 이렇게 한꺼번에 있으면 왁자지껄한 소리가 날 법한데 모두 소리 없이 앉아서 큰 눈망울만 껌뻑거리며 잔뜩 기대에 찬 얼굴이다.

아이들에게 학용품과 과자를 나눠주는 것으로 오늘 수업은 끝이다. 아이들은 속속 운동장을 빠져나가고 어른들만 남아서 때아닌 파티를 열었다. 아까부터 끓고 있던 무쇠솥에서 닭 요리가 통째로 나오고 두 사람이 낑낑 매고 온 코코넛이 바닥에 뒹군다. 솜씨를 부린 꽃 장식과 과일로 푸짐하다.

라오인들이 축제나 축복을 빌어줄 때 '바시'라는 행사를 한다. 무명실로 레이스를 짠 것인데 음식을 차려놓은 중심에 세워놓은 다음 여러 갈래로 늘어뜨려 놓는다. 초대받은 손님들은 각각 무명실 한쪽 끝을 잡고 음식이 차려진 상에 빙 둘러앉는다. 행사를 주관하는 사람이 기도한 후에 서로 축복과 행운을 빌어주며 손목에 명주실을 묶어주는 것이다. 출발할 때 선물만 전달해주고 바로 돌아서자고 약속했는데 많은 사람들이 축복의 실을 묶어주어서 손목에 실이 넘치도록 감사와 축복의 인사를 받았다 푸짐하게 차린 음식까지 대접받고 일어섰다.

아이들과 선생님들과 아쉬운 작별을 하고 돌아오는 길이었다. 오

라오스 한 달 살기

른손이 하는 선한 일을 왼손이 모르게 하라는 말씀이 무색하게도 이 '축복의실' 도움을 받았다. 교통경찰이 과속단속을 하고 있었다. 즐거운 마음이 너무 지나쳤던지 과속운전을 했던 모양이다. 벌금 고지서를 발부하려던 교통경찰이 손목에 가득 매고 있는 실을 보고 '어딜 갔다오는 길이냐'고 물었다. 운전자는 이때다 싶어서 오른손이 한 일을 자랑했다. 어떻게 말이 통했는지 무사통과다. 운전자 얼굴이 라오스 말 실력이 입증되었다는 사실과 벌금을 안 내도 된다는 안도감이 합쳐져서 또 한 번 붉어진다.

인생의 속도를 잠시 늦추고 싶을 때

17
빠뚜싸이

해가 설핏 기운을 잃으면 나는 그제야 기운을 낸다. 라오스는 지금 겨울이라고는 하지만 한낮에는 여전히 뜨겁다. 완전무장을 하고 자전거를 꺼낸다. 여행자 거리에서 1일 만낍(1400원) 주고 자전거를 렌트했었다.

빠뚜싸이는 비엔티안을 여행하는 사람이면 누구나 한 번쯤 지나가게 되어있는 곳이다. 비엔티안의 가장 중심부인 란쌍 거리에 대통령궁과 정면으로 마주 보이는 곳에 있다. 주변에 외국은행 번듯한 건물들이 포위하듯 서 있다. 빠뚜싸이를 구심점으로 로터리처럼 바이크와 차량이 회전한다.

빠뚜싸이까지 자전거로 20분 정도 달렸다. 바로 앞에 있는 학교 건물에서 하교 시간인지 학생들이 쏟아져 나온다. 바이크 매연과 흙먼지와 작열하는 태양을 막기 위해서 마스크는 필수다.

비엔티안은 대부분 자전거로 다녀올 수 있는 거리에 이름이 알려진 구경거리가 포진해 있다. 자전거로 달리는 잇점은 여러 가지가 있지만 교통경찰의 단속을 받지 않아도 되는 점이다. 라오스 정부 살림이 어려워지면서 가장 먼저 허리띠를 졸라맨 것이 교통경찰의 급여라고 한다. 급여를 제대로 받지 못하고 공무를 보는 사람이 어떻게 급여를 충당하는지는 뻔하게 아는 일이다.

스마트폰 하나에 여학생 여러 명이 매달려서 보고 듣고 있는데 '대한민국 K팝 BTS'다. 놀라울 것도 새삼스러운 것도 없다. 네팔 산꼭대기 오지 마을에서 K팝을 보고 따라 연습하는 아이들도 있었다. 나는 K팝 얘기만 나오면 그것을 끄나풀처럼 붙잡고 말을 거는 편인데 이번에는 자전거를 끌고 가던 터라 그냥 지나칠 생각이었다. 그런데 오히려 나를 붙잡는 사람이 있다.

"korean?"

"네, 한국 사람 맞아요."

바로 스마트폰 주인 여학생의 엄마였다. 나는 끌고 가던 자전거를 세웠다. '나를 불러 주는데 그냥 가면 체면이 아니지.'

그녀는 내 자전거를 받아서 자기 차 앞에 세워 준다.

그녀의 이름은 '란'이고 저 여학생은 한국에 가서 산업공학을 전공할 꿈을 가지고 있다고 했다. 더 놀라운 것은 '란'도 이 학교의 학생이며 한국을 너무 좋아해서 한국인만 보면 즐거워진다는 것이다.

나는 '란'을 통해서 새로운 시각으로 라오 사람을 보는 계기가 됐다. 딸과 같은 학교에 다니며 딸의 꿈을 응원하는 엄마! 라오스에서

부족한 산업공학을 배우러 한국으로 갈 꿈을 키우고 꿈을 향하여 노력하는 여성, 내가 한국 사람이라는 것을 알아보고 불러 세우는 용기도 놀랍다.

"어떻게 내가 한국 사람인 줄 알았어요?"

"한국 사람은 달라요. 화려하지 않지만 세련미가 있어요."

마스크로 중무장하고 있어도 내 세련미가 밖으로 새나갔다는 말인가? 아니면 그녀의 눈썰미를 칭찬해야 하나? 몇 마디 인사를 나누고 눈이 왕방울 같은 예쁜 딸을 태우고 '란'은 멀어져 갔다. '란'의 딸은 내가 안 보일 때까지 문을 내리고 손을 흔들었다. 빠뚜싸이 쪽으로 자전거를 끌었다.

인생의 속도를 잠시 늦추고 싶을 때

빠뚜싸이는 승리의 문이라는 뜻이다. 공산혁명 이전에 전쟁으로 희생된 라오인을 애도하기 위해 세운 탑이다. 비엔티안 공항을 건설하라고 미국이 원조해준 시멘트를 가지고 공항 건설 대신에 빠뚜싸이탑을 건설했기 때문에 서 있는 활주로라는 별명을 가지고 있다.

이를 두고 어젯밤 하루씨가 "수평으로 쫙 깔아 놓으라고 보내준 시멘트를 잘못 알아듣고 수직으로 세웠다."고 해서 한참 웃었다.

"그래 놓고 아마도 '버펫냥'했을걸."

라오스 한 달 살기

"맞아, 라오스 사람들은 뭐든 괜찮아, 버펫냥 하는 사람들이잖아."

라오스는 70년이 넘는 동안 프랑스 식민지로 살았으면서 아이러니하게 빠뚜싸이는 프랑스 파리의 개선문과 닮았다. 미워하면서 닮는다더니 그 말이 딱 맞는 것 같다. 겉모양은 개선문을 따라 하긴 했는데 내부에는 라오스, 태국 문양을 그려 넣고 천정에 새겨진 문양들은 힌두교 신들로 장식되어 있다. 건물 외관도 힌두교 양식이 남아있다. 라오스는 지리적으로 주변국들에게 사방으로 둘러싸인 열악한 위치에 있는 것이 경제발전에 저해 요소이다. 하지만 라오

인생의 속도를 잠시 늦추고 싶을 때

스 최초의 통일왕국인 란쌍왕국 파음웅왕이 건재했을 때는 강력한 왕국이었다는 자부심을 가지고 있다. 그래서 빠뚜사이를 구심점으로 둔 이 거리를 '란쌍 거리'라고 부른다.

  빠뚜싸이 탑은 입장료 3,000낍 (420원)만 내면 계단을 통해 올라갈 수 있다. 막상 올라가 보면 내부에는 허술한 기념품 몇 가지 파는 것이 전부이지만 비엔티안 중심가를 한눈에 조망하기에는 좋은 곳이다. 내가 도착했을 때 셔터가 내려진 상태였다. 오후 4시에 문을 닫는다. 빠뚜싸이 탑에 올라갈 작정이었는데 본연의 목적을

라오스 한 달 살기

인생의 속도를 잠시 늦추고 싶을 때

잊고 '란'과 수다 떠느라 늦어버린 것이다. 뒤편 분수대에 걸터앉아 혼자 위로를 한다.

 '이게 자유여행이고, 혼자 여행이다. 여행은 늘 변수가 따르게 마련이니까'

 빠뚜싸이는 내일 와도 그 자리에 있을 것이다.

18
루앙프라방 가기 미션 파서블

https://youtu.be/oxtWYrjaUQw

    누구를 기다리는 일은 마음을 온통 거기다 걸어두는 일이다. 휴대전화 벨이 울리자 기대를 잔뜩 안고 받았는데 첫마디가 미안하다는 말이다. 기운이 쭉 빠진다. 서울에서 온다고 했던 후배가 못 온다고 한다. 루앙프라방엘 함께 가서 며칠 푹 쉬었다 올 계획을 했었던 것인데 못 올 사정이 생겼다는 것이다.
    전화를 끊고 아침 먹으러 가는 발걸음이 덜 마른 빨래를 거두는 것처럼 투덜투덜하다.
"왜 그래요?"
"루앙프라방에 가려던 계획에 차질이 생겼어."
"그럼 혼자 가면 되지."
아침을 먹는 둥 마는 둥 하고 커피 물부터 끓였다.
"비행기 티켓이나 찾아볼까."
삐죽 튀어나온 입으로 휴대전화에 깔린 앱으로 티켓 검색을 했다. 그런데 후배와 가기로 했을 때 예상했던 것보다 절반 가격에 나온 티켓이 있었다.

"오늘 날짜인데 볼딩 시간이 30분밖에 남지 않았네."

할 수 있을까? 나는 하루씨를 쳐다보았다.

"할 수 있어요. 공항까지 5분이면 되는데."

"안되면 돌아오면 되지 뭐."

말이 채 끝나기도 전에 용수철처럼 튕겨서 내방으로 올라갔다. 눈에 띄는 대로 트렁크에 밀어 넣고 내려왔다. 하루씨는 벌써 바이크에 올라타고 있다. 트렁크를 가슴에 안고 헬멧을 쓰자마자 공항으로 내달렸다. 날아갔다.

공항에 도착하자마자 하루씨는 티켓을 사러 가고 나는 짐 부치는 게이트로 달려갔다.

"wait! wait!"

공항직원이 눈이 둥그레져서 기다려주었다.

하루씨가 금방 손에 티켓을 들고 온다. 표정이 싱글벙글이다. 집에서 검색했던 것보다 티켓 가격이 더 싸다는 것이다. 비엔티안 공항에는 티켓을 판매하는 창구가 세 군데 있다. 여행사 두 곳과 라오 항공사 창구가 있는데 반드시 세 군데 다 가격을 물어보고 발권해야 한다. 같은 시간에 출발하는 같은 비행기인데 티켓 가격이 세 군데가 다르다. 라오 항공사라고 해서 더 싼 것도 아니고 미리 발권한다거나 볼딩 시간에 임박해서 싼것도 아니다. 순전히 그날 그 순간의 운이다. 나는 웬만해선 몇 푼 더 싸고 비싼 것에 연연하지 않는 편인데 이곳은 너무 차이가 많이 난다.

비엔티안 공항에서 루앙프라방이나 팍세 쪽으로 이동하려는 사람은 꼭 스마트폰 앱(스카이스캐너) 가격과 직접 공항에 와서 발권하는 것을 비교해보기를 권한다.

나는 바통 받는 계주 선수처럼 티켓과 여권을 받고 짐을 부쳤다.

"잘 갔다 와요."

하루씨는 대충 세워둔 바이크 때문에 돌아서서 가고 나는 2층 탑승 게이트로 올라가는 에스컬레이터 앞에서 작별 인사를 했다.

에스컬레이터에 막 발을 올려놓으려는데 돌아서 가던 하루씨가

인생의 속도를 잠시 늦추고 싶을 때

라오스 한 달 살기

다시 부른다.

"돈 있어요?"

"없어요. 가서 환전하면 돼요."

"이거 가지고 가요."

주머니에 있던 돈을 뭉치 채로 꺼내 내 손에 쥐여준다.

에스컬레이터가 움직인다.

"얼마예요?"

"나도 몰라요."

세상에! 가슴이 뭉클한다.

검색대를 지나고 볼딩 게이트를 찾았다. 이미 탑승이 시작되어 웨이팅 라인에 서 있는 사람이 서너 명밖에 없다.

자리에 앉자마자 메모해두었던 루앙프라방 한인 업소에 메시지를 보냈다.

"지금 비행기 탔는데 오늘 밤 숙소 있어요?"

"와요. 오시면 돼요."

미션 파서블이다!

비행기는 곧 이륙하고 눈 아래 라오스 비엔티안이 한눈에 들어온다. 조각 퍼즐같이 지어놓은 건물과 개미집처럼 이어진 도로가 보인다. 그 사이를 꼬물꼬물 벌레같이 움직이는 건 사람이다. 집도, 차도, 사람도 꿈속같이 아득하다. 방금 전까지 콩 튀기듯 호들갑스러웠는데 금방 저 아래 세상과 상관없는 사람처럼 여유롭다.

라오스 한 달 살기

비행기는 금세 도심에서 벗어나 산악지대를 비행한다.
산골짜기를 타고 흐르는 메콩강 줄기가 누런 천을 길게 풀어놓은 것 같다. 저 물은 라오스 사람들의 생명의 근원이다. 저기서 태어나고 살고 지기를 반복한다. 그래서 어머니 강이다. 강에서 배를 젓는 사람과 강변에 지어놓은 원두막 같은 집들이 강에 매달려 젖 빠는 아기들 같다.

인생의 속도를 잠시 늦추고 싶을 때

19
진정한 여행

"라오스에 가보는 거 어때?"
"라오스는 뭐가 유명해?"
"그냥 가보면 무슨 일이든 생길 거야. 일단 비행기 티켓값이 싸잖아." 이번 여행지를 라오스로 정한 이유다.

비엔티안에 도착한 며칠 동안 나는 행복하지 않았다. 지저분한 거리와 매연과 표정 없는 사람들의 얼굴이 싫었다. 더구나 이곳에 와서 들은 이야기는 라오스 젊은 여성과 한국 사람 나이 많은 아저씨와 연애나 결혼이야기가 아니면 라오스를 상대로 무슨 사업을 해서 돈을 벌 것인가? 혹은 한국인끼리 서로 사기 치고 사기당했다는 얘기를 들은 것이 전부였다.

그때 서울에서 전화가 걸려왔다.
"라오스 살기 어때?"

라오스 한 달 살기

"어쩌면 돌아갈 날이 당겨질 것 같아."라고 대답했다.

"돌아오는 건 어렵지 않은데 싫어서 와버리면 다시는 못 가게 될 거야."

"왠지 이곳은 슬퍼."

라오스가 나를 오라고 한 적도 없지만 돌아간다고 붙잡지도 않을 것이었다. 맥 놓고 창밖으로 내다보니 골목조차 텅 비어 있다. 아무도 얼씬거리지 않는 빈 골목에 독잠파 꽃잎만 팽팽하게 매달려 있었다. 독잠파는 라오스 국화다. 어디에나 피어있는 흔한 꽃인데다 눈길을 잡아끌만한 색깔이나 모양도 없는 흰 꽃이다. 앞집 미니슈퍼마켓 키 작은 할머니는 매일 아침 바닥에 떨어진 꽃잎을 빗자루로 쓸어 모은다. 오늘 아침에는 떨어진 꽃잎 하나를 귀 옆머리에 살짝 꽂아보는 것을 나 혼자 훔쳐보았다.

그래도 심심하다.

서울로 돌아가겠다는 말에 선뜻 호응해주지 않는 대답을 듣고 나니까 더 힘이 빠진다. 라오스는 맛있는 음식도 없고, 대단하다고 느낄 수 있는 문화유산도 없고 돌아가서 자랑할 놀라운 자연경관도 없다. 사람들은 시큰둥하고 기온은 후덥지근하다. 읽을만한 책도 제대로 가져오지 않았고 두 편밖에 다운로드 받아오지 못한 영화는 바닥이 났다. 나는 오전 내내 침대에서 뒹굴며 돌아가야 할 이유를 꼽았다.

오후가 되자 메콩강변으로 나왔다. 숙소에서 큰 길만 건너면 바로 메콩강이다. 흐르기를 멈춘 듯 미동 없는 강물이 입을 열지 않고 부르는 허밍 같다. 나 혼자 부르고 나만 들을 수 있는 노래!

강물 위로 일몰이 시작되고 있었다. 하늘이 비엔티안에 있는 모든 붉은 색을 한데 모아 '내일'로 보내고 있는 중이었다. 그 아래 빈 쪽배와 소리 없이 강을 젓는 사공을 한데 묶어서 '순수'라고 보여주는 것이었다. 강변 갈대숲을 걷는 연인의 실루엣을 로맨틱하게 비춰주려고 메콩강 일몰이 마지막 빛을 보내고 있었다.

> 가장 넓은 바다는 아직 항해 되지 않았고
> 가장 먼 여행은 아직 끝나지 않았다.
> 무엇을 해야 할지 더 이상 알 수 없을 때
> 비로소 진정한 무엇인가를 할 수 있다.
> 어느 길로 가야 할지 더 이상 알수 없을 때
> 그때가 비로소 진정한 여행의 시작이다.
>   - 나짐히크메트 (Nazim Hikmet/1902~1963/터키)

목적지를 정해 놓지 않고 어느 길로 가야 할지 무엇을 해야 할지 알 수 없을 때가 진정한 여행자의 길이다. 나는 순간마다 어느 길로 가야 할지 모르는 갈림길 앞에 선다. 오싹한 공포가 온몸을 짓누르는 낯섦을 견디면서 먹고 마시고 걷다보면 어느새 익숙해진 길 위

의 나를 발견할 때가 있다.

 메콩강은 어제도 봤고 그제도 봤는데 오늘은 또 새로운 얼굴을 보여준다. 저녁 장사를 시작하려는 움직임이 느릿느릿 펼쳐지고 있었다. 계단에 걸쳐 앉은 사람들은 눈에 힘을 빼고 다만 먼 곳을 응시하고 있었다. 아무도 나처럼 심심하다고 속을 끓이지 않았다. 그들은 원래 심심하게 살고 있는 것이었다.

 그때 내 옆으로 한 여자가 작은 바구니를 들고 다가와서 "네일?" 한다. 내 손과 발을 가리키며 손가락 세 개를 세우며 몸언어로 말한다. 네일아트를 하라는 것이다. 나는 고개를 끄덕이며 손을 내밀었

라오스 한 달 살기

인생의 속도를 잠시 늦추고 싶을 때

다. 손톱은 물론이고 발까지 씻어주고 3만낍이다(4,200원). 그녀는 내 손톱에 진한 핑크색 매니큐어와 흰색 그림을 그려놓고 일어섰다.

메콩강이 어두워졌다.
인도의 갠지즈강 가트에 앉았을 때와는 전혀 다른 느낌이다. 그곳이 삶과 죽음, 인생의 밑바닥을 가늠하게 하는 성찰의 강이라면 메콩강은 오래 앉아있을수록 스스로 행복해지게 만드는 곳이다. 메콩강에서 사람들은 슬프지 않다. 해가 지고 나면 강변과 공원에서 날마다 춤을 추고 노래를 불렀다. 라오스 사람들이 행복해서 춤추고 노래하는 것이 아니라 이곳에 오면 자연스럽게 춤추고 노래하면서 행복해지는 것이다.

여행은 매 순간 스스로 선택하고 결정해야 되는 귀로에 서게 된다. 그만큼 불안정한 가운데 노출된다는 뜻이다. 낯선 곳으로의 여정이 매번 행복할 수는 없다. 처음 대하는 외부인인 나를 아무도 환영하지 않는 무관심의 안개속을 스스로 걸어가서 막막한 시간을 뚫고 들어가야 할 때도 적지 않다.

그때 내가 터득한 노하우가 있다.

물어보는 것이다. 소리내어 스스로 몇 번이고 물어본다. 진지한 질문 뒤에 명료한 답을 찾을 수 있다.

"너는 정말 돌아가고 싶은 거야?"
"중간에 돌아가기는 쉬워, 다시 시작하기가 어려운거지."

인생의 속도를 잠시 늦추고 싶을 때

행복한 라오스 사람들 곁에 있으면서 나도 슬그머니 행복해지기 시작했다.

나는 다시 메시지를 보냈다.

"라오스에 오래 있게 될 거 같아."

금방 답장이 왔다.

"그럴 줄 알았어."

나는 순간마다 어느 길로 가야 할지 모르는 갈림길 앞에 선다. 견디며 걷다보면 어느 순간 먹고 마시고 춤추고 노래하는 동안 익숙해진 길 위에 선 나를 발견한다.

라오스 한 달 살기

20
슬픈운명

라오스 몽족은 우리와 같은 몽고반점을 가지고 태어난다. 이, 정, 양, 허, 왕, 등 우리와 같은 성을 쓰고 토속신앙과 생활풍습이 우리와 매우 흡사한 민족이다. 맷돌로 쌀을 빻아 떡을 쳐서 만들고, 아이들은 고무줄놀이, 공기놀이, 사방치기, 자치기 같은 전통놀이를 하며 자란다. 몽족을 묘족, 마오족, 멍족이라고 부르기도 한다.

B.C 3세기경 중국 황하 유역에 살기 시작했는데 명나라 청나라 시절에 불합리한 과세로 저항했다가 한족과의 전투 이후 나라 잃은 민족이 되었다. 영토를 잃은 몽족은 베트남, 미얀마, 태국, 라오스 등 남쪽으로 이주해서 주로 산악지대에서 화전을 일구며 살기 시작한 것이 지금까지 이어지고 있다.

열악한 삶의 조건은 오히려 강인한 정신과 신체를 기르도록 만들었다. 산악지대에 적응하면서 지리에 밝고 심폐기능이 발달하고 작은 체구는 날렵하고 용맹스럽다. 정신력도 강해져서 자신들의

고유 언어와 전통을 이어가고 같은 씨족끼리는 형제자매라고 부르면 결속력이 매우 높다. 다만 언어는 있지만 표기할 수 있는 문자는 없다.

슬픈 운명의 서곡은 미국과 베트남 전쟁에서부터 비롯되었다. 베트남전 당시 미국 중앙정보국(CIA)는 비밀리에 몽족 전사들을 전쟁에 이용했다. CIA는 미국 군인이 전쟁에 투입되는 것보다 쉽고 저렴하고 지형에 밝고 신체적으로 산악지대에 잘 적응되어 있는 몽족을 투입하기로 했다. 몽족의 장군 '방파오'를 회유하고 그로 하여금 마을을 돌아다니며 전쟁에 투입될 군인을 모집하고 미국에

인생의 속도를 잠시 늦추고 싶을 때

협력하도록 주민을 설득하고 독려하도록 했다. 이에 몽족 주민들은 미국을 도와서 베트남의 전쟁물자 이동 일명 '호치민트레일'을 막고 미국 조종사들과 후방 지원을 아끼지 않았다. 미국에 대한 절대적으로 신뢰와 보상에 대한 기대였다. 하지만 결과는 참혹했다. 6년의 긴긴 전쟁 끝에 미국군은 패하고 몽족에게 등을 보이고 자국으로 돌아갔다.

몽족이 베트남 전쟁에 개입되었다는 사실은 오랫동안 비밀로 유지되었다. 역사는 이를 '비밀전쟁'이라 부른다. 전쟁이 끝나고 미국은 멀어져 갔지만 남겨진 몽족들의 시련은 그때부터 시작이었다. 라오스, 캄보디아, 베트남 등 공산당은 미국을 도왔다는 이유로 몽족을 탄압하기 시작했다. 수천 명이 보복 살해되고 수용되어 죽어갔다. '방파오'등 지도자급들은 정치적 망명을 신청해서 미국 유럽 등 다른 나라로 날아갔지만 남아있는 힘없는 일반 몽족 주민들은 학살을 피해 더 깊은 밀림 지역으로 숨어들어갈 수밖에 없었다.

몽족에게 가해지는 라오스 정부 탄압은 여전히 현재진행형이다. 라오스 여러 소수민족 중에서 배신자 족속이라는 굴레를 벗을 수 없기 때문이다. 라오스에서 몽족은 교육은 받을 수 있지만 공무원은 될 수 없는 것이 현실이다. 라오스 정부는 점차 소수민족 친화 정책을 펴고 있다고 하지만 몽족들은 산악지대가 삶의 터전이고 여전히 화전을 일구며 살아간다.

생활은 곤궁해도 원래 가지고 있던 흥과 끼는 사라지지 않았다. 신년을 화려하게 멋지게 받아들이므로 한 해를 살아갈 에너지를 충전하는 것이다. 몽족의 신년축제는 라오스에서 최고의 볼거리를 제공한다. 몽족은 고유의 언어와 달력을 사용하기 때문에 신년 축제일이 정확하지는 않지만 대략 12월 말부터 1월 초까지 일주일에서 열흘 정도 계속된다. 정확한 장소 역시 그때그때 다르지만 대부분 비엔티안 근처에서 열린다.

축제장은 먹을거리와 여러 가지 행사가 어우러진다. 우리나라 청도 소싸움과 비슷한 소싸움 경기와 축구 경기도 열린다.

몽족 신년 축제일을 가장 기다린 사람은 청춘남녀들이다. 신년 축제일은 만남의 날이다. 이들은 사랑의 짝을 찾기 위해 1년을 기다렸다. 같은 몽족이어도 부족마다 흩어져 살기 때문에 서로 대면하고 만나기가 쉽지 않은데 신년 축제일은 오픈된 장소에서 만남의 장이 펼쳐진다.

몽족 여성들은 자기 부족만의 전통의상을 입고 공작새처럼 가장 멋지고 화려하게 치장을 하고 자신을 뽐낸다. 한껏 치장한 남녀가 마주 보고 줄지어 서서 서로 공을 던지며 상대에게 말을 걸며 탐색전을 펼친다. 원래는 콩이나 모래주머니를 가볍게 던졌다는데 지금은 테니스 공으로 대신한다. 큐피트 화살은 일방적이고 느닷없지만 공 던지기는 합리적이고 쌍방 교신이 가능하다. 공 던지기에서 여성이 공을 받지 못하면 공을 던진 남성의 소원을 들어줘야 하

　는 재미난 벌칙도 있다.
　이 축제의 마지막에는 '미스몽' 선발대회도 열린다. 실제로 몽족 여성 중에는 예쁜 사람이 정말 많다. '미스몽' 선발 대회에 참석한 그녀들은 화려하고 당당하게 자신의 미모와 끼를 맘껏 발휘한다.

라오스 한 달 살기

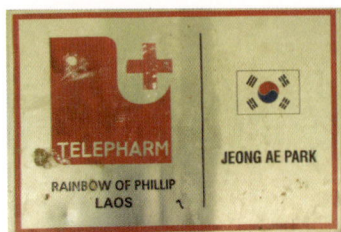

▲ 앞으로 제가 세울 학교입니다.

인생의 속도를 잠시 늦추고 싶을 때

21
우리는 그곳으로 간다.

https://youtu.be/NR3HYIeFIjM

　여행지에 대한 정보를 많이 수집하고 계획을 잘 짜고 계획대로 움직이면 훨씬 효율적인 여행이 될 수 있다. 하지만 잘 짜인 계획대로 따라가다보면 행운이 올 기회를 놓칠 수 있다. 여행은 어떤 일보다 행운이 올 기회에 더 많이 노출되어 있는 셈이다. 행운은 짜놓은 계획보다 훨씬 더 큰 것을 가지고 온다. 라오스 여행에 아무 계획도 하지 않고 온 나는 날마다 행운을 만났다.

　오늘은 어느 때보다 더 큰 행운이 기다리고 있는 날이다. 우리는 드디어 그곳으로 간다. 소풍 가기 전날 아이 마음이다. 라오스 고산에 사는 몽족 마을에 가기로 한 날이다. 나는 '몽족 마을'을 꼭 찾아가 보고 싶었다. 하지만 혼자 갈 용기가 나지 않았다. 그런데 어제 저녁 갑자기 한인학교 교장선생님을 비롯해서 같이 갈 사람이 생겼다. 하루씨가 안내와 운전까지 해준다고 하니 이런 행운이

라오스 한 달 살기

또 있을까 싶다. 하루씨는 이미 몽족과 이웃처럼 지내며 친구도 있다. 아침을 든든히 먹어두라는 말을 듣는 둥 마는 둥 차에 올랐다. 먼 길을 달렸다. 세 시간 정도 달리고 나니 드디어 마을이 나타났다. 라오스에서 가장 큰 댐인 남능댐 건너편에 있는 마을이다.

라오스는 50여개의 소수민족으로 이루어진 국가이다. 라오족 다음으로 많은 소수민족이 몽족이다. 국가와 영토가 없는 민족의 삶과 역사는 아프고 슬프게 마련이다. 더구나 1965년에 시작된 비밀전쟁은 몽족을 더욱 궁지로 몰아넣었다. 죽임과 핍박을 피해

더욱 깊은 산속으로 숨어 들어가서 30년을 버텼고 지금에 이르렀다.

　몽족의 대부분은 화전을 일구며 살아간다. 산에 불을 질러 잡풀과 나무를 태우고 찹쌀을 심는다. 멥쌀보다 찹쌀이 더 잘 자라고 소출이 많기 때문에 라오스에서는 찹쌀이 더 싸고 질이 좋다. 이들의 식사는 어른 아이 할 것 없이 찹쌀밥을 쪄서 물에 찍어 먹는 것이 전부이다. 어쩌다 말린 들쥐 한 마리 넣고 탕을 끓이고 그 국물에 찰밥을 찍어 먹은 날은 만찬을 즐긴 날이다.
　몽족아이들은 들쥐를 잡으러 돌아다닌다. 하도 많이 잡아서 이

젠 들쥐가 귀하다. 어쩌다 들쥐 한 마리 잡아 오면 가족을 위해 큰일을 했다는 생각에 어깨가 으쓱 올라간다. 소금과 단백질이 절대적으로 부족해서 아이들이 키가 자라지 않는다. 이것이 안타까워 하루씨 부부는 간장과 계란을 갖다 주기 시작했다. 이들의 뜻에 동조해서 한국에서 옷과 학용품 등 물품을 보내기도 했다. 그런데 고산족 마을까지 갖다 주는데 드는 노동력과 운송비용이 더 들어간다는 사실은 간과했다. 지금은 조용히 힘 닿는 데까지만 도움을 주려고 한다.

학교가 보였다. 언덕을 기어올라 학교 운동장으로 갔다. 초등학

교인데 수업을 모두 마친 뒤라서 교실이 텅 비어 있었다. 교실이 대나무를 쪼개서 네모난 큰 상자 하나를 옮겨 놓은 것 같다. 흙바닥에 긴 책상과 긴 의자, 그리고 초록색 칠판이 하나 걸려있다. 창문도 없고 국기도 없고 지도자의 사진도 아무것도 걸려있지 않은 단출한 교실이다.

아직 집으로 돌아가지 않은 아이들은 운동장에서 뛰어놀고 있었다. 흰 셔츠에 검은 치마 '씬' 교복이다. 교복차림으로 흙바닥을

라오스 한 달 살기

뛰고 달린다. 참 열심히 논다.

  노는 아이들을 물끄러미 바라본다. 싣고 온 과자와 노트를 나눠 주며 말을 걸었다. 쭈뼛쭈뼛 다가와서 차마 손을 뻗지 못하고 그저 흙먼지 묻은 손가락을 입에 문다. 사슴 같은 눈과 마주치자 오히려 내가 미안하다.

  잘 노는 일이 잘 자라는 일이라는 것이 뒤늦게 얻은 깨달음이다.

인생의 속도를 잠시 늦추고 싶을 때

라오스 한 달 살기

인생의 속도를 잠시 늦추고 싶을 때

22
우리는 잘 살고 있다.

https://youtu.be/losSCAa1khk

혼자 여행하고 낯선 사람을 만나면서 내 인생의 새로운 드라마를 쓴다. 세상 모든 사람은 다 처음엔 낯선 사람이었다. '낯선 두려움'을 잠깐 견디고 나면 '새로움'으로 바뀐다. 사실 우리는 날마다 낯선 사람에게서 도움을 받으며 살아간다. 낯섦은 적응해가야지 기피할 대상은 아니다.

라오스에 준비 없이 와서 낯선 사람이 '인생 친구'가 되었다. 여행을 오래 한 사람에게서 느껴지는 자기자유, 여유, 무엇보다 사람을 사랑하고 긍휼히 여기는 마음을 배우고 감동했다. 이 친구가 이웃으로 삼고 있는 몽족마을 얘기를 듣고 나서 너무 가보고 싶었는데 오늘 기꺼이 동행해주었다.

사람 흔적이 드문 산길을 몇 구비 달렸다. 산등성이가 시커멓게 그을려 있다. 화전을 일군 흔적이다. 하늘은 구름 한 점 없이 맑고

뜨겁고 길가의 꽃들은 제멋대로 피어 있다. 실핏줄처럼 이어진 길을 잘도 찾아간다. 바이크 한 대로 구석구석을 찾아다니면서 길이 없으면 만들면서 갔다고 하더니 그 말이 실감이 난다.

영화 속 동막골처럼 산으로 둘러싸인 외진 곳에 짜잔! 마을이 나타났다. 마을입구에 차를 세우고 들어서니 웬 낯선 사람의 방문인가 싶어서 사람들이 나오다가 금방 친구 얼굴을 알아보고 반색을 한다. 친구도 한 사람씩 얼굴을 알아보고 안부를 묻는다. 마치 서울로 나가 살던 친구가 고향집에 돌아온 듯하다. 쌍둥이가 이만큼 컸다고 보여주고 새집을 지을 벽돌을 가리키며 저만큼 사두었다고 자랑이다. 할머니 한 분이 아기를 안은 젊은 여자를 데리고 왔다. 알고 보니 어릴 때 이 친구가 조금 도움을 주었는데 이제 결혼해서 아이까지 낳았다고 자랑하려고 데리고 온 것이다. 나는 이 즐겁고 낯선 광경이 놀랍기만 하다. 라오스 말을 잘하고 소통하는 친구가 부럽다.

라오스에서 몽족은 사회적인 신분을 인정받지 못한다. 정규적인 교육을 받지 못하고 공부해도 공무원이 될 수 없다. 나고 자란 마을에서 일찍 결혼하고 자녀를 낳고 기르며 살아간다.

우두커니 서 있는 내게 무슨 말이든 칭찬의 말을 해주면 다 알아듣는다고 한다. 그도 처음에 그렇게 소통했다고 한다.

나도 따라 했다.

"너는 동생을 참 잘 돌보는구나."

수줍게 웃는다.

그 말을 시작으로 나도 용기 있게 말했다.

신기하게도 정말 다 알아들었다.

사람의 마음을 여는 데는 유창한 언어가 필요한 것이 아니었다. 표정언어, 몸언어가 더 잘 소통되었다.

그들은 경계가 없는 사람들이다. 구획 짓고 편을 가르지 않았고 마음의 울타리를 치지 않았다. 저절로 공동체이며 둥글었다.

대나무를 얼기설기 엮어 기둥을 만들고 나무껍질로 너와지붕을 올린 전통가옥 안으로 들어가보았다. 먹고 잠자는 곳에 구분이 따로 없다. 맨바닥에 숯불을 피울 수 있는 화덕이 하나 있고 가장자리에 앉은뱅이 의자가 가족 수대로 놓여 있다. 대나무 침대와 벽에 매달린 양은그릇 몇 개가 세간살이 전부인 옹색한 집안이 일곱

인생의 속도를 잠시 늦추고 싶을 때

명 가족의 보금자리다. 달랑 찰밥 한 덩어리에 찬하나 없이 맹물이지만 격의 없이 밥을 권하고 집안으로 초대한다. 원래 반찬없는 식사이니 찬없이 많이 드시라는 빈말도 하지 않고 희미하게 웃는 것으로 대신한다.

하루씨가 친구로 삼고 있는 가족이 있다. 남편은 앞이 보이지 않는 장애를 가지고 있는 사람이다. 가지고 온 옷가지 몇 개를 선물로 주려고 가방을 뒤졌다. 그런데 남아있는 옷이 모두 성인용 티셔츠밖에 없었다. 할 수 없이 그거라도 건네주었다. 너무 커서 아이들에겐 저절로 원피스다.

하루씨가 처음 이 집을 방문했던 날의 얘기를 들려준다. 바이크로 여행하다가 우연히 외따로 떨어진 이 집을 발견하고 들어갔는데 '밥 먹고 가라'고 하더라는 것이다. 찰밥 한 주먹과 맹물만 그릇에 담아주기에 뭔가 반찬이 더 나올 줄 알고 기다렸다고 한다. 그런데 더 이상 아무것도 내오지 않고 식구들도 찰밥에 물만 찍어 먹더라는 것이었다. 할 수 없이 배낭 속에 들어있던 간장을 꺼내 물에 타서 찍어 먹었는데 아이들도 처음 먹어보는 간장 맛에 반한 듯 너무 맛있게 먹더라고 했다. 다른 집의 사정도 별반 다르지 않아서 찰밥에 맹물 뿐이라고 한다. 그때부터 하루씨는 이곳에 올 때마다 간장 한 병씩 선물하기 프로젝트를 했다.

다시 길을 떠났다. 산모퉁이를 돌아설 때까지 유난히 새하얀 이를 드러내며 인사한다.

라오스 한 달 살기

인생의 속도를 잠시 늦추고 싶을 때

라오스 한 달 살기

인생의 속도를 잠시 늦추고 싶을 때

23
라오스 결혼식

https://youtu.be/CoatoBknHwY

"오늘은 결혼식에 가는 날이에요."

"어쩌지, 치마가 없는데?"

"여행자가 무슨 치마야, 입은 대로 그냥 가 나도 청바지야."

딱 한 벌 가지고 온 실내복을 원피스로 대체했다. 신발은 할 수 없이 슬리퍼다.

라오스에서 결혼식 장면을 지켜볼 수 있는 좋은 기회를 얻었다.

언제 어디서 몇 시라는 정확한 정보가 없다. 라오스 결혼식은 보통 삼 일정도 계속 진행되니 내가 편한 날짜와 시간에 가면 되고 집 위치는 대충 동네만 알고 있으면 그 동네 어디쯤 흰 천막과 떠들썩한 음악 소리와 사람들이 웅성거리는 집이 보이면 그 집이 틀림없다는 것이다. 정말 그랬다. 대충 알려준 대로 마을 입구에 들어서자 흰 천막이 쳐진 곳이 보였다.

야외 결혼식인 셈이다. 풍선과 꽃으로 꾸민 아치 장식이 있고 신랑 신부 웨딩사진이 걸려있다. 신랑과 신부가 앉아있는 중앙 좌석 뒤로 꽃 장식이 되어 있고 그 앞에 놓인 둥근 상 위에도 꽃 장식과 흰 실이 주렁주렁 걸려있다. 흰 실은 기원과 축복 의미가 담겨있다. 이미 많은 사람들이 모여 있었다. 음식이 뷔페식으로 맘껏 먹을 수 있도록 차려져 있었다. 한쪽에서는 고기를 굽는 연기가 가득하다. '사위 사랑은 장모'라고 이 결혼식의 장모도 사위를 위해 한 달 정도 숙성시켜야 하는 술 라오라오를 담아놨다가 오늘 마침내 개봉했다. 라오라오 술은 찹쌀과 쌀겨로 담는 술인데 정성이 많이 들어가는 술이다. 이 술은 술단지 채로 중간에 놓고 대나무 빨대나 호스를 끼워서 빨면서 들이 마시는 술이다. 워낙 독한 술이라서 계속 물을 부어가며 마신다. 이렇게 사흘 밤낮 결혼식을 하는 동안 먹고 마시고 논다. 그 비용은 모두 신랑이 부담한다. 실제로 결혼식 할 비용이 없는 남자는 아무리 사랑하는 여성이 있어도 결혼식을 못한다고 한다.

결혼식 날 가장 신이 난 사람은 신부 엄마인 장모이다. 모계사회인 라오스는 사위 될 사람이 지참금인 '카동'을 장모에게 반드시 지급해야 한다. 정해진 금액은 없지만 장모가 요구하는 상당의 금액을 주어야 한다. 라오스 남자는 대략 300만 원부터 천만 원 정도까지 개인 사정에 따라 다르지만 반드시 지참금이 있어야 결혼

인생의 속도를 잠시 늦추고 싶을 때

할 수 있다. '카동' 때문에 딸을 낳은 엄마는 웃으면서 일어나고 아들을 낳은 엄마는 슬그머니 아기를 발로 민다는 말이 있다. 인도는 딸을 낳으면 결혼 지참금 때문에 운다는데 라오스는 그 반대이다. 하객들로부터 받는 축하금 역시 장모 몫이다. 오늘 이 결혼식에 장모는 핸드백을 메고 하객들을 맞이한다.

하객들은 지폐를 실로 묶은 뒤 신랑이나 신부 손목에 묶어주며 축원해주는 것이 결혼 풍습이다. 나도 달러 한 장을 실로 묶어서

라오스 한 달 살기

신부 손목에 묶어주며 축하해주었다. 어리고 예쁜 신부가 두 손을 모으고 감사의 인사를 한다. 신부는 20대 초반인데 두 번째 결혼식이다. 초등학생 정도의 딸이 있다. 라오스는 이혼한 경력이 크게 문제가 되지 않는다. 심지어 장모는 더 많은 '카동'을 받을 수 있어서 나쁘지 않다고 하니 그저 놀랍다.

인생의 속도를 잠시 늦추고 싶을 때

라오스에서의 여성 파워는 은근하면서 강하다. 결혼식을 하고 남자는 장가를 들고 처가살이를 시작한다. 주로 여성이 장사를 하거나 서비스업에 종사하기 때문에 실제적 가장이고 남성들은 집에서 육아를 담당하거나 출근하는 아내에게서 맥주값 정도 받아서 하루 종일 홀짝거리며 소일한다. 그래서 아빠가 아이를 안고 다니는 모습은 라오스에서 흔히 볼 수 있는 풍경이다. 만약 이혼하게 되면 남자는 아이는 물론 재산권 행사를 전혀 할 수 없고 장모 집에서 몸만 빠져나가야 한다니 라오스 남성들은 메콩강가에서 한숨만 쉴 일이다.

결혼식의 중앙 좌석에는 마을 이장 격인 '라오반'이 앉아있다. 라오반이 결혼식을 지켜보고 결혼 서류에 사인을 해줘야 비로소 결혼 관계가 성립된다. 신부 친구와 일가친척 여성들은 한껏 멋을 냈다. 허리를 강조한 전통복장과 하이힐, 방금 미용실을 다녀온 듯 모양낸 헤어스타일로 아름다움을 뽐낸다. 평소에는 조용한 라오인들이지만 결혼식 때는 흥과 끼를 맘껏 발휘한다. 라오비어와 음악과 손동작이 아름다운 라오스 전통춤을 추기도 하고 푸짐한 음식을 나누며 낮은 웅성거림으로 결혼식이 계속된다.

결혼식 장소는 오픈되어 있지만 아무나 결혼식에 참여할 수 있는 것은 아니다. 반드시 초대받은 사람만 참석할 수 있다고 한다.

결혼식에 드는 비용이 좀 걱정되긴 하지만 10분 만에 후다닥 결혼식을 끝내고 봉투 준 사람만 뷔페 티켓을 받아서 용량보다 많은 음식을 한꺼번에 먹고 오는 우리 결혼식보다 훨씬 풍성하고 넉넉한 결혼식이었다. 결혼 풍습과 형식은 달라도 그 속뜻은 같을 것이다.

  신랑신부의 손목에 축복의 실 '바시(Basi)'가 양쪽 손목에 가득하다. 풍요와 결속을 빌어주는 것이다. '바시'에 담긴 뜻대로 행복하게 잘살기를 빌어주었다.

라오스 한 달 살기

인생의 속도를 잠시 늦추고 싶을 때

24
버펫냥

언어 속에는 그 민족이나 국가의 정신이 내재되어 있다. 특히 인사말은 그들의 정신 가장 밑바닥에 깔린 정서를 밖으로 드러내는 중요한 요소이다. 라오스의 기본적인 인사는 '사바이디'이다. 두 손을 가지런히 모아서 얼굴 앞에 세우고 고개를 살짝 숙이며 하는 인사이다. 안녕, 평안의 뜻이 담겨있다. '꼽짜이'는 감사하다는 뜻이다.

'사바이디' 만큼이나 많이 쓰는 말이 '버펫냥'이다.

'괜찮아!'라는 뜻인데 이 말은 정말 두루두루 많이 쓴다. 자신의 감정 상태를 잘 드러내지 않는 라오인들에게 딱 맞는 말이다. 슬플 때, 기쁠 때, 화났을 때도 그저 '버펫냥'이고 뭔가 부족했거나 지나쳤어도 '버펫냥' 한마디면 끝이다.

이 말을 배우고 나서 발음도 좋고 의미도 좋아서 나도 입에 달고 다녔다. 내가 자주 가는 슈퍼마켓이 있다. 이 마켓에만 수제 요플

레를 판다. 노부부가 운영하는 곳인데 주변의 다른 마켓보다 진열 품목이 다양하고 깔끔하다. 남편이 영어를 잘하는 편이라서 내가 대충 하는 말도 알아들어주고 부인은 옆에서 가만히 웃는다. 나는 대화 도중에 말이 막히면 복잡한 설명을 할 수 없어서 그냥 "버펫냐."이라고 말해버린다. "당신은 화난 것 같아, 단어에 악센트를 주면 안돼." 하면서 말끝을 내리라며 손짓으로 보여준다. 옆에 서 있는 부인에게 시범을 보이라고 한다. 부인은 약간 콧소리를 섞어가며 '버펫냐앙'하며 나를 가르친다.

　자전거 자물쇠를 사러 갔었다. 보통 고리가 달린 작은 것이면 충분한데 주먹만 한 자물쇠를 들고 나왔다. "이거 싫어요. 예쁘지도 않아요." 했더니 "버펫냐."한다. 돈을 주고 사는 쪽이니 내가 '버펫냐' 해야 할 판인데 오히려 상대가 '버펫냐'이라 한다. 그 뒤에 뭐라고 설명을 붙이는데 무슨 말인지 알아듣지도 못하겠고 마음에 들지도 않아서 그냥 나왔다.

　아저씨는 따라 나와서 잠깐 멈추라고 하더니 자전거를 이리저리 살피고 휘어진 곳을 바르게 펴고 안장에 깔개를 더 올리고 바람을 넣고 바퀴살에 닿지 않게 안전한 곳을 골라서 자물쇠를 채워준다. 그 정성이 고마워서 나도 "버펫냐앙."하며 콧소리를 내고 말았다.

　환전할 때도 이 마켓에서 한다. 은행 건물과 같이 붙어 있지만 은행보다 환율을 높게 쳐준다. 100불짜리 두 장을 내밀며 환전해

달라고 했더니 돈을 많이 가지고 다니지 말라고 100불짜리 한 장을 돌려주며 가방을 배 앞으로 돌려서 매라고 훈수를 둔다.

떠나기 전날 저녁에 작별 인사를 했다. 손가락으로 눈물을 찍어내는 흉내를 내며 "버펫냥 잘 가, 코리아에서도 버펫냥"한다.

**

대문을 열면 바로 마주 보이는 집이 식당이다. 이렇게 배짱 좋게 영업하는 집도 드물다. 열한 시 정도에 식당을 열고 두 시 되면 문을 닫는다. 양철문을 사방으로 꽉꽉 막아놓아 다시는 문을 열지 않을 것처럼 보이지만 11시엔 어김없이 주인아저씨가 낑낑거리며 양철문을 하나씩 거둬내며 식당 문을 연다. 젊고 잘생긴 아들이 주방 담당이다. 나는 이 식당에서 가끔 아점을 먹는다. 매번 다른

라오스 한 달 살기

　음식을 주문하면서 공통적으로 달걀 프라이를 위에 얹어 달라고 한다. 그런데 라오 사람들도 달걀 프라이는 반숙을 즐기는 모양이다. 나는 달걀반숙은 좋아하지 않는다. 달걀 프라이를 다시 만들거나 더 익혀달라는 표현을 하면 요리사는 '버펫냥' 하고 만다.
　이 식당에 가장 막강한 권력자는 아줌마이다. 아저씨는 정말 힘이 없다. 손님이 들어오면 식탁을 차리고 물을 갖다주는 서비스는 아저씨 담당이다. 음식값을 계산하려고 아저씨에게 돈을 내밀면 절대로 받지 않고 아줌마에게 손짓한다. 이 아저씨 입은 늘 양철문처럼 닫혀 있다. 내가 돌아오기 전날 마지막으로 식당에 들러 점심을 먹고 나서 '이제 돌아간다'는 제스처를 보였다. 그때 아저씨가 입술을 달싹이며 처음으로 한 말 '버펫냥!'이다.

비엔티안에서 사업을 하는 한국인 한 사람은 '버펫냥'이란 말만 들으면 짜증이 난다고 한다. 차를 운전하고 다니다 보면 교통질서 관념이 약한 바이크 운전자 때문에 위험한 상황을 겪을 때가 자주 발생한다. 빨간 신호 대기 중에 옆에서 바이크가 와서 충돌하는 사고가 있었다. 상황이 바이크 운전자가 100퍼센트 잘못해놓고 '버펫냥'한다는 것이다. 피해를 준 사람이 '버펫냥'하니까 답답해서 가슴을 치게 만든다면서 어떤 상황에서든 맺고 끊지 않고 두리뭉실 넘어가는 라오인들의 성격 같아서 그는 좋아하지 않는다고 한다. 그는 다시 답답했던 '버펫냥' 사건을 더 나열하려고 했다. 나는 얼른 옆에서 '라오스잖아요. 버펫냐양'하면서 그를 말렸다.

인생의 속도를 잠시 늦추고 싶을 때

25
루앙프라방

https://youtu.be/zukPX0ekAQw

　루앙프라방에 도착하자마자 자전거부터 렌트했다. 루앙프라방은 자전거로만 돌아다녀도 충분하다. 작은 로터리를 회전축으로 카페와 여행사 렌트 하우스 등 여행자 거리가 형성되어 있다. 노천카페와 레스토랑이 늘어선 거리를 걷다 보면 유럽의 어느 골목을 걷는 듯 착각이 들다가도 문득 눈을 들어보면 불교사원의 날렵한 지붕이 파란 하늘을 뚫고 있다. 뾰족한 사원 지붕에 걸린 구름이 내친 김에 잠시 쉬어가듯 한가롭기만 하다. 지극히 동양적이면서 동시에 서양적인데 그 부조화가 내게 가르침을 준다. 서두르지 말라고, 저 아래 메콩강은 느리게 흘러도 온 누리를 적신다고.

　라오스 최초의 통일 왕국인 란쌍(Lan Xang) 왕조의 800년 수도가 루앙프라방이다. 도시 자체가 유네스코 세계문화유산으로 등록되어 있을 만큼 귀하고 아름답다. 가장 중심에 있어 바로 눈

에 띄는 건물이 왕궁 박물관(Haw Kham)이다. 이 박물관의 가장 귀한 보물인 '프라방'(파방)은 50kg의 금으로 만들어졌다. 루앙프라방은 '큰 황금 불상'이라는 뜻이다. 박물관에는 왕족의 유물과 다양한 불상이 전시되어 있고 여러 국가 원수들로부터 선물 받은 은제품과 도자기 등이 전시돼 있다.

루앙프라방 거리는 란쌍왕조의 영화와 프랑스 식민지 시대가 맞물려서 사원과 프랑스식 건축물이 조화를 이루고 있다. 왕조의 힘이 약했던 란쌍 왕조는 주변 강국들에 공물을 바치는 등 시달림을 견디지 못해 결국 프랑스의 보호를 받아들여 식민지배를 받았다. 70년 프랑스 식민지배는 건축물과 생활양식을 많이 바꿔놓았다. 주변국들과 달리 바게트 빵을 좋아하는 것과 케이크 전문점이 많이 보이는 이유도 그것이다.

햇살이 설핏 기운을 잃을 때쯤 되면 사람들은 왕궁 건너편 계단을 오르기 시작한다. 푸시 언덕에서 맞이하는 석양을 보기 위해서다. 계단 입구에서 올려다보면 까마득하고 끝이 안 보여서 힘겹게 보인다. 저 계단을 언제 다 오르나 싶지만 한 발자국이라도 발을 떼고 나면 생각이 달라진다. 오를 수밖에 없도록 만들어진 곳이 푸시 언덕이다. 사실은 100미터 밖에 되지 않는다.

계단 입구부터 방생하기 위해 새를 판다. 주먹만 한 대나무 집 안에 메추리같이 작은 새를 가둬 놓았다. 날개도 다 펴지 못하고 옹송거리고 갇혀있는 것을 보면 정말 훨훨 날려보내주고 싶어진다. 계단을 다 오르면 중앙에 탑이 있고 사원이라고 하기엔 좀 어설픈 사원이 하나 있다. 벌써 많은 사람들이 탑 앞에 풀썩 앉아서 석양을 기다린다. 발아래 보이는 건물이 대부분 유럽식 주택 모습을 하고 있는 것도 이색적이다. 푸시 산에 오른 사람들은 하나같이 시선을 멀리 두고 있다. 때로는 멀리 봐야 더 잘 보이고 오래 볼 수 있기도 하다. 눈이 크고 작고 간에 일제히 오직 한곳만 바라보고 있다. 저 앞에 마주 보이는 산, 그리고 강 어깨에 내려앉을 붉은 해를 기다리는 것이다.

　세계 각국의 인종이 뒤섞여있는 난간에 나도 엉덩이를 비집고 앉았다. 기대하지 않았는데 등을 스치고 한 줄기 바람이 지나간다. 푸시 산이 오른 사람에게만 주는 선물이다. 하지만 푸시 산의 일몰은 그 유명세를 따르지 못한다. 여행자 거리에서 가까우니까 가본다고 생각하면 속 편하다.

라오스 한 달 살기

26
케리

다시 바이크 여행을 나섰다. 딱 정해진 목적지는 없다. 될 수 있으면 라오스의 시골 풍경을 볼 수 있는 곳으로 가는 것이 목적이다.

흙먼지를 너무 많이 마셔서 목이 힘들었던 점을 감안해서 두 겹 마스크에 중무장을 하고 나서는 나를 보고 사람도 개도 웃고 못 알아본다. 바이크 뒤에 매달려 비포장도로를 달리다 보면 마주 오는 차 한 대가 지나갈 때마다 붉은 흙먼지가 일어 앞이 보이지 않을 정도이다. 건기에는 몇 달 동안 비 한 방울 오지 않으니 길가에 있는 나무들이 모두 붉은 흙먼지를 뒤집어쓰고 있어서 좀 떨어져서 보면 온통 붉은나무 숲 같다.
"이 정도면 안 얼어 죽겠지요?"
내가 먼저 너스레를 떨었다.

30분도 달리지 않아서 첫 번째 휴식처에 내렸다.

하루씨가 아지트로 삼고 있는 장소라고 한다.

그는 온종일 뙤약볕 아래서 텃밭과 집안을 돌보는 일로 바쁘게 움직이다가 해가 설핏 기울 때가 되면 일손을 놓고 사라진다. 그의 아지트로 떠나 버린 것이다. 마당에 바이크가 보이지 않으면 나는 속으로 서운하다. 한 번쯤 나도 데리고 가줬으면 좋겠는데 슬그머니 떼어놓고 간다.

그런데 오늘은 아지트를 공개하겠다는 것이다. 강과 가장 가까이 있는 현지인이 운영하는 간이식당이다. 하루씨의 소박하고 검소한 성격은 익히 알고 있지만 이건 너무 심하다. 겨우 이런 곳을 비밀이라고 감춰놓았나 싶다. 대충 뚝딱 비가림 용도로 걸쳐 놓은 지붕은 지붕이라고 말하기도 민망하게 허술하다. 천정이 낮아서 남자는 허리를 숙이고 들어가야 하고 원두막처럼 엉성한 마루가 한걸음 옮길 때마다 무너질 듯 삐걱거린다. 어디서 주워 놓은 듯 달랑 탁자 두 개가 놓여 있을 뿐 아무 장식도 없이 맨얼굴이다. 주변에 걸리적거리는 것이 없으니 시야가 훤하고 메콩강을 한눈에 담을 수 있는 점은 점수를 좀 줄만하다. 실제로 메콩강과 가장 가까이 있기 때문이란다.

입구에 매달아놓은 군것질거리가 먼지를 뒤집어쓰고 있다. 이렇게 외진 곳까지 누가 와서 사갈까 싶다. 나는 줄줄이 매달아놓

은 금박 포장의 동전 모양 초콜릿이 반가워서 두 줄을 떼왔다. 어릴 때 문방구 입구에 걸어놓고 팔았던 그 모양 그 맛이다. 그 사이 일행들은 맥주를 시켜서 벌써 병째 들이켜고 있다. 달랑 양배추 몇 잎을 안주로 내놓은 것이 전부다. 알고 보면 라오스 사람들은 모두 음주운전을 한다. 라오비어를 물보다 더 즐겨 마시기 때문에 자동차 운전은 물론 바이크 역시 음주운전 상태이다. 음주운전을 하면서 음주운전이란 단어를 안 쓰고 단속도 하지 않는다. 얼굴이 벌겋게 달아오르고 취한 게 분명한데도 아무렇지도 않게 바이크를 몰고 가는 위험천만한 상태인 사람도 단속하지 않고 그냥 지나간다.

라오스 한 달 살기

　그때 옆 테이블에 혼자 앉아서 라오비어를 마시고 있던 남자가 아는체했다. 하루씨와 여기서 자주 마주치는 사람이라고 한다. 한 번도 얘기를 나눈 적은 없고 눈인사만 했다는데 오늘은 적극적으로 다가온다. 몇 마디 대꾸해 주었더니 아예 대놓고 우리 탁자로 옮겨 와서 합류하려고 한다. 어지간히 심심했던 모양이다. 그는 자신의 이름을 '캐리'라고 불러 달라고 한다. 케리는 남아메리카 공화국 사람이고 부인은 일본 여성이라고 한다.

　이야기가 점점 무르익고 케리는 우리와 헤어지기 싫은지 쉬지 않고 무슨 말이든 이야기를 끌고 나가려고 한다. 자기 집 마당에 파인애플을 심었는데 너무 잘 자라고 있어서 보여주고 싶다고 우리를 초대한다. 초대에 거절할 새도 없이 먼저 일어서서 나선다.

인생의 속도를 잠시 늦추고 싶을 때

덩치는 산만한 사람이 앙증맞은 바이크를 타고 앞서간다. 등 뒤에 즐거움이 가득 묻어 있다. 집은 5분도 안되는 거리에 있었는데 눈이 휘둥그레질 정도로 멋진 저택이었다. 이 집은 라오스정부에서 준 것이라고 한다. 부인이 이름 대면 알만한 국제기구에서 근무하는 사람이었던 것이다.

들어가는 입구부터 정원사가 나와서 문을 열어준다. 매반(집안일 도와주는 사람)이 몇 명이나 있는지 발걸음을 옮기는 곳마다 소리 없이 사람들이 서 있다. 케리는 신나서 맨발로 집안 구석구석을 안내한다. 발걸음이 달랑달랑 소리를 내는 것처럼 경쾌하다. 바나나 잎사귀와 나뭇잎을 썩혀서 유기농 비료를 만드는 곳, 정원에 애교로 심어놓은 생강 한 포기도 자랑이다. 케리가 말하던 파인애플은 속으로 '에게?' 할 정도로 덜 자라고 몇 포기되지 않았다. 하지만 그가 얼마나 생명 있는 것들을 애지중지하는지 그 마음을 알 수 있었다.

영화에서나 볼 수 있을 것 같은 멋진 개들이 거실 주인처럼 앉아 있다. 집안을 장식하는 가구와 인테리어 감각도 남다르다. 케리는 방 한 칸이 낚시 도구만 쌓여있는 곳으로 우리를 데리고 갔다. 낚시 도구를 낑낑거리며 꺼내서 하나씩 설명한다. 그는 매일 메콩강에서 낚시하고 잡은 물고기를 풀어주기를 반복한다. 그리고 우리

를 만났던 그 간이식당에서 라오비어를 마시며 하루를 마감한다고 했다.

   초대에 기꺼이 응해준 우리 덕분에 행복하다고 말했다. 대문을 나서는데 맨발로 나와서 우리가 안 보일 때까지 손을 흔들고 서 있다. 언제든 그곳에 오면 거기에 있을 것이라고 기다릴 것이라고 하며 아쉬움을 표현했다. 그는 유쾌하고 사랑이 많은 사람이었다. 스스로 행복을 만들어내는 자가발전기를 달고 있는 사람이었다.

인생의 속도를 잠시 늦추고 싶을 때

우리는 붉은 흙먼지 길을 헤치고 달리며 라오스를 유랑했다. 길거리 카페와 간이음식점 '저것 팔아서 가족의 생계를 이어갈 수 있을까?' 싶은 어설픈 구멍가게와 바나나 한 송이 앞에 놓고 팔리며 팔고 안 팔리면 말고 하듯 무심한 사람들, 길손에게 먹고 있던 찰밥 덩어리 손으로 뚝 떼어주며 허물없이 나눠 먹는 순수한 사람들을 만났다.

라오스 한 달 살기

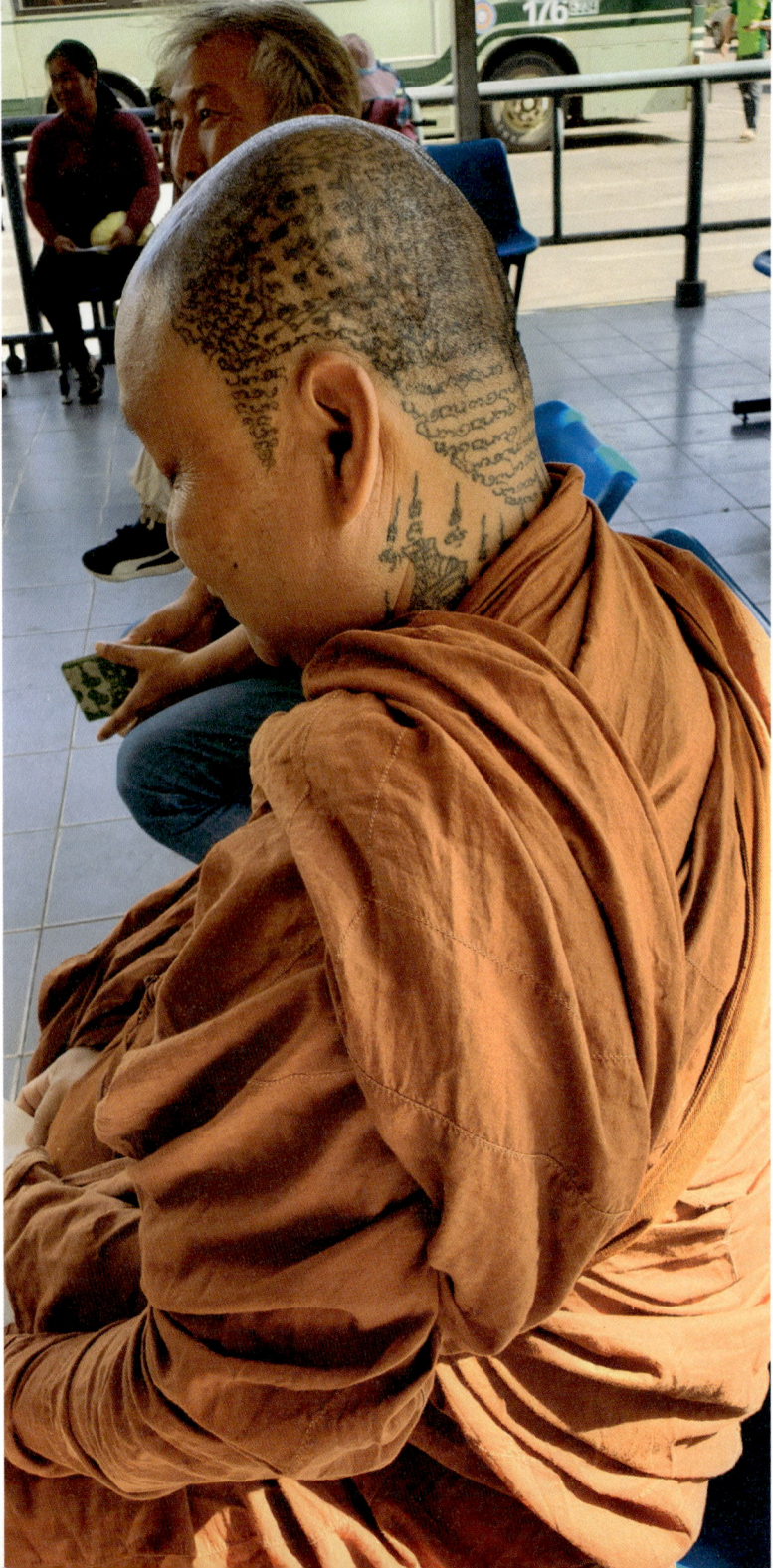

https://youtu.be/eRkoINvS7fs

27
국경을 넘어

오늘은 국경을 넘어 국수 한 그릇 먹으러 간다.

하루씨 부부가 한 달에 한 번씩 비자 연장하러 가는 길에 따라나섰다.

이들은 매달 25일엔 국경을 넘어 태국으로 가서 쌀국수 한 그릇 먹고 돌아오는 일로 비자 연장을 한다. '농카이' 국경 지역으로 가는 버스는 센트럴 터미널에서 출발한다.

'딸랏싸오' 시장 바로 옆에 센트럴터미널이 있다. '딸랏싸오' 시장 주변은 새벽장은 끝이 났지만 여전히 북적인다. 툭 건드리면 와르르 쏟아질 것 같은 바게트빵이 시장을 지키는 수문장처럼 쌓여있다.

툭툭이 기사들이 죽 늘어서서 손님을 기다리고 있다. 그런데 나를 알아보고 다가오는 사람이 있었다. 그는 흰 이를 드러내고 웃었다. '왜 나를 보고 웃을까?' 의문이 들었다.

라오스 한 달 살기

그는 내 가까이에 와서 엄지손가락을 들어 보이며 '팁! 팁!' 하는 것이었다.

아하! 생각났다. 내가 비엔티안에 와서 처음으로 이용한 툭툭이 기사였다. '폰사완은행' 뒷골목이 내가 머물던 숙소여서 툭툭이를 타면서 '폰사완뱅크' 라고 외쳤다. 그런데 나중에 알고 보니 비엔티안에 폰사완뱅크는 여러 곳에 있었던 것이다. 세 군데 폰사완뱅크를 돌아다닌 끝에 겨우 숙소를 찾을 수 있었다. 그때 너무 고마워서 팁을 줬었다.

인생의 속도를 잠시 늦추고 싶을 때

14번 국제버스를 탔다. 버스에 오르니 남자 차장이 버스요금을 받으러 온다. 가격은 15,000낍이다. 간혹 혼자거나 외국인으로 보이는 사람에게 3,000낍 정도 더 받을 수도 있다고 한다. 말도 안되는 차창의 횡포지만 모르면 달라는 대로 주는 수밖에 없다.
　내 옆자리에 두 사람 커플이 앉았다. 손에 들고 있는 과일 비슷한 것이 처음 보는 것 같아서 말을 걸었다. 내 손에 들고 있던 초콜릿 한 조각을 잘라서 건네주고 그것 좀 맛보자고 했다. 들고 있던 것을 봉지째 건네준다. 시큼털털한 '미니배' 맛이다. 맛이 없다고 다시 돌려주며 서로 맥없이 웃었다.

　라오스와 태국 국경을 잇는 우정의 다리 근처까지 왔다. 40분 정도 걸린 것 같다. 그런데 밀린다. 태국과 라오스를 넘나드는 차량이 그만큼 많다는 얘기다. 특히 승용차들이 많았다. 우정의 다리 앞까지 오자 승객들을 모두 내리라고 한다. 출국 심사를 받을 차례다. 공항에서 입국할 때 썼던 것처럼 출입국 신고서를 작성하고 나서 동전 모양의 플라스틱 카드를 구입했다. 창구 앞에서 모자 벗고 선글라스 벗고 얼굴 한번 보여주고 나서 플라스틱 동전 카드를 우리나라 지하철 탈 때처럼 입구에 넣고 통과하면 된다.
　여기서 중요하고 즐거운 사실이 하나 있다. 이 시스템을 대한민국이 개발해줬기 때문에 대한민국 여권을 가지고 있는 사람은 관세 1달러를 내지 않아도 된다. 1달러가 문제가 아니라 어깨가 으

라오스 한 달 살기

쑥 올라간다.

　다시 국제버스를 타고 우정의 다리를 건너간다. 이 다리는 걸어서 건널 수는 없는 다리다. 버스와 승용차를 이용해서 1분 정도 다리 위를 건너간다. 바로 태국 땅이다. 이번에는 태국 출입국 신고서를 작성하고 제출 후 게이트를 통과했다. 태국과 라오스가 연결되는 곳이지만 엄연히 태국 땅이라서 농카이 국경지역부터는 태국돈 밧트가 필요하다. 라오스에서 생산된 수공예 제품을 양손 가득 들고 가는 태국 보따리 상인 여성들이 대기하고 있던 툭툭이에 오른다. 반대로 바다와 생산공장이 없는 라오스는 대부분 공산품과 해산물을 태국에서 수입해서 쓴다.

　라오스 국경 심사 때부터 내 앞에 서서 입국 심사를 받고 있는 스님의 헤어스타일이 세상에 단 하나밖에 없는 즐거운 스타일이

인생의 속도를 잠시 늦추고 싶을 때

다. 내 앞에 섰으니 어쩔 수 없이 스님의 뒷머리만 계속 주시하게 되었다. 자세히 보니 알 수 없는 글씨가 머리에 빼곡하게 새겨져 있다. 신기하기도 하고 웃기기도 해서 겨우 참고 있다가 국경을 다 통과하고 나서 물어보았다. 머리에 문신으로 새겨진 글씨는 불경이라고 한다. 머리에 문신을 새겨 넣는 동안 얼마나 고통스러웠을 것인지 짐작이 갔다. 아팠냐고 물었더니 빙그레 웃기만 한다. 생각해보니 아무래도 머리에 불경을 새겨 넣은 스님보다 그것을 새겨 넣는 수고를 담당한 사람이 더 많이 불경을 읽고 마음에 새겼을 것 같다. 사진 한 장 찍어도 되겠냐고 했더니 기꺼이 그러라고 포즈를 취해준다.

    태국까지 왔는데 겨우 국수 한 그릇으로 마무리할 수는 없다고 우겨서 '앗사완 쇼핑몰'로 갔다. 진열되어 있는 상품이나 사람들의 모습이 라오스에게는 좀 미안하지만 때깔부터 다르다. 세련되고 깨끗하고 규모가 크다. '앗사완' 쇼핑몰에는 유명한 회전 초밥집이 있다. 1인당 99밧이다. 이곳에도 태국 돈 밧트만 받는다. 해산물 좋아하는 나는 오랜만에 맛보는 해산물 짭짤한 맛에 행복해진다.
    내 여권도 꽝꽝 찍힌 두 번의 도장으로 더 화려해졌다. 아직은 육로로 국경을 넘을 수 없는 우리나라지만 이렇게 간단하게 육로로 국경을 넘을 날을 기대해본다.

라오스 한 달 살기

인생의 속도를 잠시 늦추고 싶을 때

28
가장 맛있는 것

https://youtu.be/8rxAbrPX0YE

    라오스를 대표하는 음식은 무엇일까?

    안타깝게도 이렇다 할 맛있는 음식을 떠올릴 수가 없다. 단지 내가 가장 맛있게 먹은 것이 맛있는 음식이다. 아주 값비싼 레스토랑에 가보지는 않았지만 일반적인 식당에서도 맛이나 모양에서 솜씨를 엿볼 수 있는 음식을 만나지 못했다.

    라오스는 바다가 없는 나라이다. 때문에 해산물은 당연히 태국이나 베트남에서 수입한 것이라서 신선도는 떨어지고 가격은 비싸다. 라오스 사람의 아침은 쌀국수 바께트빵에 야채와 어설픈 햄 조각 썰어 넣은 것을 먹거나 찹쌀 밥에 우리나라 물김치 비슷한 라오스 김치를 먹는다. 라오스만의 특별한 음식은 오로지 맥주다. 맥주는 맛도 좋고 맥주 인심도 좋아서 누구에게든 얼음 넣은 맥주를 권하고 즐겨 마신다.

바이크를 타고 좀 멀리 길을 나섰다. 나는 기회만 되면 현지인들의 삶을 조금이라도 가까이 보고 싶어 따라나선다. 어디라고 정해진 곳은 없고 매콩강을 따라 비포장도로를 달린다. 붉은 먼지 길이 끝도 없이 이어진다. 뙤약볕이 쏟아지는 강변 농장에 엎드려 작물을 일구고 거두는 사람은 모두 여성들이다. 라오스는 힘들고 무겁고 어려운 일, 돈을 벌어오는 일도 모두 여성이 하고 남성은 맥주 마시고 놀거나 육아를 담당한다. 결혼할 때 지참금으로 가지고 온 돈으로 역할을 충분히 했다고 생각하는 것 같다.

바이크 여행을 하다 보면 자주 쉬어줘야 한다. 마스크와 헬멧 속에서 뜨겁게 달궈진 얼굴과 몸을 쉬어야 하고 눈에 띄는 구멍가

인생의 속도를 잠시 늦추고 싶을 때

게에 들르는 재미와 목을 축이는 맛도 쏠쏠하다. '길가페'에서 라오식 드립 커피를 주문했다. 갈아놓은 원두를 작은 잠자리채 같은 거름망에 넣고 뜨거운 물을 붓는다. 연유를 듬뿍 넣어서 얼음과 함께 빨대를 꽂아준다. 핸드메이드 드립 커피라고 좋아했다가 지나친 단맛에 화들짝 놀랐다가 다시 익숙해진다. 단맛이 칼칼한 목을 달래주는 효과도 있다.

 이번에는 길가에 죽 늘어놓은 음료병을 발견하고 앞선 바이크가 멈췄다. 검은색은 콜라병이고 노란색은 과일 맛나는 음료수 병이고 그 옆에 붉은색 물이 든 병은 휘발유다. 바이크 운전자는 서슴없이 붉은 물 두병을 집어 내가 앉았던 자리에 시트를 젖히고

라오스 한 달 살기

휘발유를 붓는다. 먹는 물과 못 먹는 물을 나란히 놓고 파는 것을 보고 놀라는 나만 이상한 사람 같다. 바이크에서 내린 김에 점심을 먹기로 했다. 아무거나 잘 먹고 즐기는 편이긴 하지만 딱 이거다 싶게 주문할만한 음식이 없다. 쌀국수, 찰밥, 파파야 샐러드가 전부다. 쌀국수와 파파야 샐러드를 주문하고 화장실을 찾았다. 볼일을 보고 밖으로 나오는 순간 머리를 스치는 생각이 있었다. 황급히 음식을 만들고 있는 곳으로 달려왔다. 아뿔싸! 내 쌀국수에 이미 화학조미료 두 스푼을 투하해버렸다. 라오스 사람들의 설탕과 화학조미료 사랑은 정말 못 말린다. 무슨 음식이든 화학조미료부터 풀썩풀썩 집어넣는다. 기본적으로 까오삐약 쌀국수 한 그릇에 화학조미료를 티스푼으로 두 번 넣는다. 미리 당부했는데도 습

인생의 속도를 잠시 늦추고 싶을 때

관적으로 넣기 때문에 지켜 서서 말려야 한다. 그것도 모자라서 식탁 위에는 항상 화학조미료와 설탕통이 인심 좋게 놓여있다.

재래시장이나 가게에 가면 가장 흔하게 보이는 것이 화학조미료다. 내가 가장 좋아하는 파파야 샐러드에도 화학조미료를 넣기 때문에 음식을 주문하고 그 자리에서 지켜볼 수밖에 없다. 찰밥을 손바닥 모양으로 빚어서 꼬치에 끼우고 계란물을 입혀 숯불에 굽는 것을 길거리 어디서나 볼 수 있는데 계란 두 개에 화학조미료 한 티스푼이라는 설명을 듣고 아연실색했었다.

요즘 우리는 화학조미료가 몹쓸 양념인 듯 진저리를 친다. 하지

라오스 한 달 살기

만 내 기억에 우리도 모든 음식에 화학조미료를 넣어 먹었고 설이나 추석 명절에 귀한 선물로 주고받던 물품이었던 적이 있다. 화학조미료와 설탕이 똑같이 흰 가루라서 설탕인 줄 알고 화학조미료를 입안에 털어 넣었다가 그 기묘한 맛에 기절할 뻔한 적도 있다.

쥐포는 아주 비싼 식재료이다. 말린 쥐포 한 마리를 대통속에 넣고 숯불로 수프를 끓인다. 이 국물에 찰밥을 찍어서 온 가족이 먹는다. 살코기 한 점 먹는 날은 횡재한 날이다.

재래시장이나 노점에서 자주 볼 수 있는 특이한 식재료가 있다. 언뜻 보기에는 나무 막대기를 묶어놓은 것 같은데 털이 부숭부숭하게 달려 있는 것을 보면 동물성이다. 물소껍데기이다. 새벽시장에 가면 여자들이 몰려들어 허리를 숙이고 좋은 물소껍데기 고르느라 열심이다. 우리나라 말린 오징어처럼 군입거리다. 물소껍질에 붙은 털을 그을려서 없애버리고 방망이로 북어 때리듯이 두드려서 부드럽게 된 것을 질근질근 씹어먹는다. 오독오독 씹히는 식감이 오징어보다 좋다고 한다. 주로 여자들이 남자를 위해 산다. 물소껍데기를 고르느라 정신없는 여자들 사이를 지나가며 하루씨가 묻는다.

"들려요? 저 여자들이 지금 뭐라고 하는지? ."

"아무 말도 안 들리는데요?"

"잘 들어봐요. 남자한테 좋은데, 하잖아요!"

정말 쥐포다.

라오스 한 달 살기

인생의 속도를 잠시 늦추고 싶을 때

29
김삿갓

번갯불에 콩 튀듯이 루앙프라방으로 날아갔다. 비행기 탑승 직전에 루앙프라방에 있는 한인 업소인 김삿갓 식당으로 메시지를 넣었다. 지금 비행기 타려고 하는데 오늘 밤 머물 곳 좀 소개해 달라고 염치없이 부탁했다. 1분도 지나지 않아서 바로 답장이 왔다. '오세요. 오시면 해결됩니다.' 참 간단하고 편한 대답이었다. 루앙프라방 공항은 큰 기와집 한 채 서 있는 것처럼 아담하다. 택시와 툭툭이 대기하고 있는 곳으로 갔다. 툭툭기사에게 '김삿갓 식당?'

라오스 한 달 살기

하자마자 '코리아레스토랑'하며 엄지를 치켜 세운다(5달러). 10분 정도 달리니 대한민국 국기와 한국식당이라는 글씨가 눈에 확 들어온다.

  짐가방을 내리는 동안 유리문 앞에서 라오스인 종업원들이 '안녕하세요' 라고 익숙한 인사를 건넨다. 김삿갓님은 다른 손님 픽업하러 나가고 보이지 않았다. 식당 내부는 넓고 쾌적하다. 단체 손님을 위한 자리와 개인 손님을 위한 자리가 따로 마련되어 있다. 나중에 들으니 개인 손님 자리를 비워두기 위해 단체 손님을 다 받지 못할 때도 있다고 한다. 메뉴판에 다양한 한식이 사진과 함께 들어있다. 다른 나라 패키지여행할 때 한식당에서 먹은 허술한 비빔밥이 생각나서 반신반의하며 된장찌개를 주문했다. 잠시 후 나온 상차림은 대반전이었다. 13가지나 되는 밑반찬과 메인요

리인 된장찌개는 한국에서 맛보았던 된장국보다 훨씬 훌륭했다. 갓 김치와 콩나물, 미나리 무침까지 너무 익숙한 맛이었다. 라오스인 종업원이 어느새 다가와서 빈 접시가 생길 때마다 슬며시 반찬을 채워놓고 갔다. 라오스인들은 인심이 박해서가 아니라 그런 서비스에 대한 개념이 없다. 보이지 않는 김삿갓사장의 배려인 것 같다.

   여행자의 마음을 헤아린 것이다.

   여행자는 연잎 위에 뜬 물방울같이 불안정하고 아슬아슬한 발걸음이다. 소문난 음식점을 찾아다니며 먹어봐도 헛배만 부를 뿐 마음은 헛헛하다. 허기진 마음을 펴게 해주는 순간이 입맛에 맞는 음식을 배부르게 먹을 때이다. 집 밥, 어머니 손맛 같은 음식 한 그릇에 마음이 그득해진다. 한국인에겐 그것이 김치와 된장국이다.

   접시마다 깨끗이 비우고 디저트 과일까지 야무지게 챙겨 먹고 넉넉하게 펴진 몸과 마음으로 식당을 둘러보니 곳곳에 김삿갓님

라오스 한 달 살기

이 써놓은 글귀가 들어온다.

'지금 행복하지 않으면 언제 행복하겠는가!'

나는 지금 누구보다 행복하다. 따뜻한 밥 한 그릇과 따뜻한 마음까지 맘껏 먹었으니!

여행자뿐만 아니라 누구든 배가 불러야 마음도 불러지는 법이다.

빵빵해진 한국인들이 유리 문을 힘껏 밀치고 다시 길을 떠난다. 만족감으로 발그레해진 얼굴들이다. 저들은 이제 배짱이 짱짱해져서 루앙프라방 거리와 메콩강변을 활보할 것이다.

김삿갓식당 벽에 써진 글귀가 여행자의 어깨를 툭툭 쳐준다.

힘내라고.

1) 배낭여행객을 위한, 공기밥, 반찬, 커피 무한리필
2) 무료 픽업 및 식사 후 딜리버리 서비스
3) 귀중품 및 가방 무료 보관 서비스, 스마트폰 와이파이 충전 빵빵

인생의 속도를 잠시 늦추고 싶을 때

30
아픈 숟가락

여행이 길어지면서 단골 식당도 생겼다. 메콩강변에 아지트로 삼고 있는 식당이 있다. 여행자 거리에서 조금만 비켜나서 공항 쪽으로 오면 싸고 친절한 간이음식점을 어렵지 않게 찾을 수 있다. 강바람을 맞으며 매운 파파야 샐러드와 닭구이, 라오비어 한 잔 앞에 놓으면 강 건너 태국이 '이 손 안에 있다.' 주문한 닭구이에 발라먹을 소스와 함께 나온 숟가락이 힘주어 잡으면 손잡이가 휘어질 정도로 얇고 가볍다.

"히야! 이 숟가락 참 고전적이다. 어릴 때 내 숟가락 같다."

"그게 포탄으로 만든 숟가락이거든요."

나는 숟가락을 들고 장난치려다가 돌아오는 대답이 너무 무거워서 슬그머니 내려놓고 말았다.

"이 숟가락 하나 가지고 싶다."

"야시장에 가면 많이 팔아요."

라오스 한 달 살기

　다음날 야시장에 탄피로 만든 숟가락을 사러 나갔다. 좀 이른 시간이라 장터는 한산했는데 마침 탄피로 만든 제품을 파는 사람이 보였다. 그는 이제 막 팔 물건을 가지런히 진열해놓고 손님을 기다리고 있는 중이다. 탄피로 만든 것은 숟가락뿐만 아니라 열쇠고리와 목걸이를 비롯해서 여러 가지 액세서리와 기념품을 팔고 있었다.
　그에게 다가가서 한국어로 물었다.
　"이것은 네가 만든 거야?"
　"우리 가족이 만들었다." 고개를 끄덕이며 대답했다.
　그가 팔고 있는 숟가락 옆에는 이렇게 쓴 팻말이 서 있었다.
　'이 팔찌는 폭탄이었습니다. 우리는 폭탄에서 새로운 의미를 가

인생의 속도를 잠시 늦추고 싶을 때

져오고 서로 도우며 빈곤에서 벗어나려고 합니다.'

나는 더 이상 말을 붙일 수가 없었다. 다만 그의 맨발에게 많이 미안했다. 하트 모양의 숟가락 두 개를 집어 들고 그가 부르는 대로 값을 지불했다. 내 멋대로 이름도 붙였다. '아픈 하트 숟가락!'

'아픈 숟가락' 출생의 비밀은 미국과 베트남의 2차 차이나전쟁으로 거슬러 올라간다. 베트남전 당시 미군은 북베트남이 라오스를 경유한 이른바 '호찌민 루트'를 통해 병력과 물자를 보급하는 것을 차단할 목적으로 1964~1973까지 9년간 라오스에 대량의 폭탄을 투하했다. 베트남과 미국 전쟁에 지리적으로 중간 통로 역할이 되어버린 라오스는 세계에서 가장 심하게 집중적으로 폭탄을 맞은 나라였다. 200만 톤에 달하는 폭탄을 매 8분 간격으로 쏟아부은 것이다. 이 잔인한 살상무기는(cluster Bomb) 미사일처럼 생긴 타원형 통에 골프공 크기의 폭탄을 가득 담은 것이다. 이

라오스 한 달 살기

미사일을 공중에서 떨어뜨리면 골프공 크기의 폭탄이 흩어지면서 폭발하는 것이다. 뉴욕타임즈는 이를 두고 '라오스의 모든 국민들에게 각각 1.6톤의 폭격이 가해진 셈'이라고 스스로 말했다. 미국은 막바지에 비행기에 실려 있던 폭탄까지 남김없이 라오스 산악지대에 뿌렸다. 이미 시위를 떠난 폭탄은 되돌아 싣고 갈 수 없는 것이었다.

이로 인해 라오스 국토는 황폐화됐고 약 8000만 개의 불발탄이 라오스 영토에 남게 됐다.

라오스엔 아직도 전쟁이 종식되지 않았다. 라오스 마을과 산악지대에 떨어진 불발탄은 언제 터질지 아무도 알 수 없고 책임지지도 않는다. 아이들이 가지고 놀다가 터지기도 하고 여자들이 밥을 짓기 위해 불을 지피다가 뜨거워진 지열에 의해 폭발되기도 한다. 지금까지도 해마다 평균 50여 명의 성인과 아이들이 불발탄 피해

를 입는 것으로 알려졌다.

 쇳조각 한점 나오지 않는 라오스에서 포탄 껍질은 요긴한 쇳덩어리였다. 미사일로 만든 배를 타고 강을 건너고 미사일 통으로 만든 화덕에 고기를 구워 먹고 포탄 껍질을 기둥으로 세워 놓고 지은 집이 가족의 보금자리다. 포탄 껍질로 만든 밥상에서 알루미늄 밥그릇과 물그릇에 담아 먹는다. 삶은 폭탄으로 초토화된 곳에서도 이어지고 있다.
 나의 아픈 숟가락에도 밥이 소복하게 담긴다.

라오스 한 달 살기

240

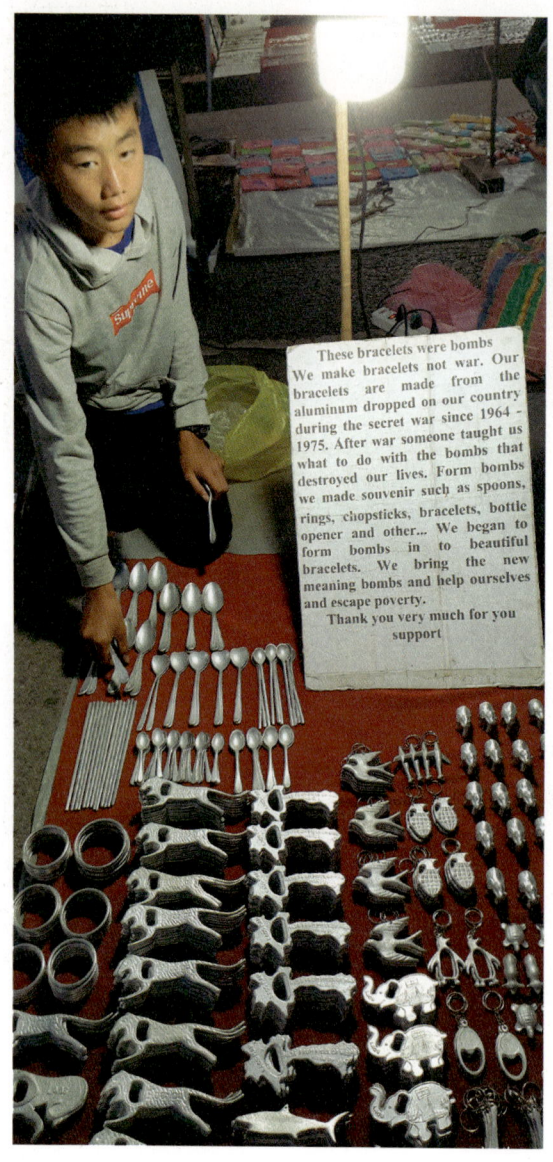

인생의 속도를 잠시 늦추고 싶을 때

31
존의 아침

https://youtu.be/8rxAbrPX0YE

"앤 이모! 아침 드시러 내려오세요."

존 목소리다. 중저음인 존의 목소리는 거부하지 못할 무게가 실려있다. 말수가 적어서 신뢰가 가는 청년이다. 열흘째 한 지붕 아래서 먹고 마시니 이젠 가족이다. 아침이 게으른 나는 월든이 만들어놓은 죽이나 큰길 건너 노점상에서 바게트빵과 구운 찰밥과 꼬치 한 개, 커피 한 잔이면 만족스러운 아침이다.

어제 월든이 만든 두부찌개를 맛있게 먹으면서 존이 "내일 아침은 제가 책임질게요." 했던 생각이 났다. 아래층으로 내려가는 계단을 한 걸음씩 내려설 때마다 점점 더 진한 불고기 냄새가 다가온다. 식탁 위에 큼직한 프라이팬 채로 올라와 있는 불고기 요리가 당당하다. 주방 문 앞에서 절대로 안으로 발을 들여놓지 못하는 검둥이 개 '브라우니'가 누구든 눈 좀 맞춰달라고 애절한 눈빛을 보내고 있다. 나는 못 본 척 고개를 돌렸다.

불고기는 위엄이 있다. 온갖 푸른 야채를 들러리로 세워두고 중앙에 위치한다. 당쇠네 농장에 상추와 얼갈이배추, 청경채를 심어두었는데 처치 곤란한 정도로 웃자라고 있다. 집주인 '마당쇠'는 매일 아침 텃밭에 물을 주며 '이 밭 갈아서 누구랑 먹지?'라고 주문을 외운다.

"내가 쌈 싸 먹지."하고 대답한다.

여름 한낮 금방 따온 상추에 된장만 찍어 바르고 흰밥을 쌈 싸서 먹었던 때가 너무 아득한 시절 이야기다. 언제부턴가 나도 상추나 야채만 쌈을 싸먹는 경우가 별로 없고 고기를 함께 싸서 먹게 되었다. 옆에 중국인들도 나름대로 파와 생강과 민트 종류를 심어놓고 매일 들여다본다. 먹는 것보다 키우는 재미에 빠져있다. 늦잠을 자고 일어난 아침 베란다에서 내려다보면 당쇠농장과 시멘트

인생의 속도를 잠시 늦추고 싶을 때

바닥이 촉촉하게 젖어있다. 부지런한 '당쇠'가 이미 농작물과 마당에 물을 흠뻑 준 것이다. 참 다행인 것이 라오스는 물이 흔한 나라이다. 건기와 우기가 정확히 구분되어서 건기에는 하늘에서 물한방울 떨어지지 않다가 우기에는 양동이로 쏟아붓듯 폭우가 온다. 라오스 신년축제 피 마이(Pi Mai),를 '물축제'라고도 부르는데 '물축제'는 매년 4월13일부터 15일까지 열린다. 피 마이 축제 때는 세상의 모든 물이 라오스로 모여든 것 같다. 라오스 전역이 물바다이다.

라오스 사람들에게도 소고기는 돼지고기에 비해 비싼 편이다. 이들은 돼지고기를 즐겨 먹는다. 처음 새벽시장에 갔을 때 돼지고기를 냉장하지 않은 채 팔면서 맨손으로 이리저리 뒤적거리는 것을 보고 좀 꺼림칙했었는데 고기를 냉장고에 넣어서 숙성시킨다는 개념이 우리와는 다른 것 같다. 더구나 강한 자외선이 세균의

변식을 막아준다는 말을 들었다. 의문이 들지만 내 잣대를 들이대는 일을 되도록 하지 않기로 마음먹은 터라 그대로 인정하고 맛있게 먹기로 했다. 해외여행하며 음식에 대해 까탈스럽게 굴거나 타박을 하거나 비위가 약해서 못 먹으면 여행의 기둥이 와르르 무너진다. 가장 손해 보는 사람은 본인이고 곁에 있는 사람까지 힘들게 한다. 나는 아무 음식이나 잘 먹는다. 특이한 향신료에 대한 거부감이 없고 새로운 음식에 대한 호기심도 많은 편이다. 잘 먹고 잘 노는 것을 보면 나는 아무래도 여행 체질인 것 같다.

인생의 속도를 잠시 늦추고 싶을 때

　　라오스는 내놓고 자랑할 음식이 별로 없다. 프랑스 영향을 받아서 바게트빵이 오히려 라오스 대표 음식 같다. 배가 작아서인지 먹는 양도 매우 적어서 겨우 저것만 먹고 어떻게 하루를 견딜 수 있을까 싶다. 적은 양을 천천히 먹으니 살찐 사람이 별로 없는 편이다. 여행하면서 제일 중요한 것이 먹는 일이다. 한 끼를 잘먹은 식사가 평생 가는 좋은 기억이 될수 있다. 긴 여행에 지쳐 있을때 맛있는 것을 먹을 기대만으로 새 힘을 낼 수도 있다. 반면에 비위

라오스 한 달 살기

에 맞지 않은 음식은 보기만 해도 구토가 나고 배탈이 나면 여행길이 고행길이 된다.

　음식을 더 맛있게 먹는 비결은 여럿이 같이 먹는 것이다. 존이 만든 불고기를 뒤채에 사는 중국인들에게도 한 접시 갖다 주었더니 수박 한 덩이를 돌려준다. 매일 아침 밥 먹을 때마다 그 옆을 지나면 같이 먹자고 손짓하는 중국인들이다. 중국인들 역시 먹는 인심은 넉넉하다. 생각해보니 안 먹겠다고 튕길 일만은 아닌 것 같다. 요리 잘하는 중국 남자들이 맨날 뭔가 볶아대는데 다음엔 슬며시 끼어들어 한 젓가락 얻어먹어봐야겠다. 한 지붕 이웃사촌인데.

존이 책임진 아침은 정말 맛있다. 이미 양념 포장되어 있는 고기를 사 온 모양이다. 비엔티안에는 한국 식당도 많고 한국 식료품을 구입할 수 있는 곳도 여러 군데 있다. 크라운 호텔 바로 앞에 있는 초록색 간판 '엄마네' 마트에 가면 어지간한 한국 식료품은 모두 갖춰져 있고 가격도 싸고 근처에서 가장 깔끔하다. 나는 비행기 타고 여기까지 와서 한국 음식을 찾아다니는 일은 될 수 있으면 하지 않으려고 한다. 기분이 우울할 때 한국음식을 한번 먹고 나면 금방 우울한 기분이 가시는 것은 사실이지만 한국음식은 한국에서 제일 잘 만들고 맛있다.

존이 오랜 자취 생활로 수준급의 솜씨를 부려서 아침에 마당 전체가 풍성하다. 존은 어느새 드립 커피까지 내리고 있다.

"히야! 존의 아침은 풀 서비스네."

잘 먹고 나니 슬며시 걱정된다.

요리 못하는 내가 드립 커피를 다 마시기도 전에 입방정이 튀어나왔다.

"내일 아침은 내가 강가에 가서 생선 사올게."

또 하루씨가 땀을 뻘뻘 흘리며 숯불 피울 일거리를 만들고 말았다.

32
모링가 아저씨

https://youtu.be/9GDJP-jCHPs

    오늘은 '모링가 아저씨'가 오는 날이다. 하루씨는 마당에 솥을 걸고 어제 새벽장에서 사 온 돼지고기와 닭고기를 삶는다. '브라우니'만 혼자 즐겁다. 솥 근처를 왔다 갔다 하며 냄새를 맡다가 그늘에 엎드려 있으면서 제법 잘 기다리는 척하고 있다.

    한낮, 솥 안에 고기가 다 익어갈 무렵 '모링가아저씨'가 왔다. 바이크 뒤에 자기보다 덩치가 큰 라오스 사람 한 명을 태우고 왔다. 인심 좋은 사람이라고 하더니 대문 안으로 들어오면서부터 브라우니를 위해 사 온 먹을 것을 건넨다. 못난이 검둥개 브라우니를 이뻐하는 사람이니 인심 좋은 사람이 맞다.

    '모링가 아저씨'는 한국인인데 모링가 농장을 하는 사람이다. 비엔티안에서 60㎞ 떨어진 곳에서 모링가 농장을 한다. 모링가 나무에 대한 남다른 애정이 있는 사람이다. 모링가 나무에 주는 물을

인생의 속도를 잠시 늦추고 싶을 때

코코넛 밀크에 em 효소를 발효시킨 기적의 물이라고 자부심이 대단하다. 모링가 모종을 몇백 개 심었는데 이제 싹이 실핏줄처럼 나기 시작하면서 부터 모링가 사랑에 푹 빠져 있는 중이다. 술 좋아하고 사람들과 어울리기 좋아한다는데 지금은 모링가에게 홀딱 빠져서 두문불출이라는 것이다.

모링가 아저씨가 오자 마당이 떠들썩하다. 모링가 아저씨 뒤에 타고 온 라오스 사람은 말없이 충직하다. 맨바닥에 무릎 꿇고 앉아서 고기를 만지는 손길이 진지하다. 고기를 먹기 좋게 발라서 앞앞이 놓아 주고 잔심부름을 알아서 한다.

술이 좀 오르자 모링가아저씨 입담이 시작됐다.

"모링가는 라오스 사람들에게는 생명나무죠. 여성들이 출산하고 나면 제일 먼저 모링가 줄기와 잎사귀를 미역국처럼 끓여 먹어요. 잎사귀 줄기 뿌리

까지 하나도 버릴 것이 없는 나무인데 성장 속도가 빨라서 6개월 정도면 채취 가능하고 라오스는 더운 나라여서 일 년 만에 큰 나무가 돼요. 한국 사람들에게 이 장수 나무를 많이 알려주세요." 한다.

우리도 닭고기 삶을 때 엄나무를 넣으면 더 맛이 풍부해지는 것처럼 오늘 닭고기와 돼지고기 삶을 때 모링가 나무를 넣었기에 잡냄새를 거둬주고 더 맛있어졌다고 한다.

모링가 아저씨의 자랑이 끝이 없고 그의 충직한 동료는 뒷마당에 중국인들에게도 고기를 나눠 돌렸다. 이들의 파티는 저녁까지 계속 이어질 모양이다.

내가 이제 그만 일어설 것 같은 표정을 짓자 모링가 씨앗 세 알을 건네준다.

녹두알 크기 정도의 씨앗을 감싸고 비행접시처럼 사방으로 날개가 달린 모양이다. 껍질을 까서 열매를 입안에 넣었다. 옆에 있던 충직한 그의 동료가 생수병을 들고 기다리고 있었다.

히야! 입안이 금방 천국이 되었다. 설탕 단맛의 열 배는 될 것 같은 단맛이다. 식후에 모링가 열매 세 알은 입안에 남아있는 음식 냄새를 거둬주는 데 탁월한 역할을 한다는데 오랫동안 여운이 남는 기분 좋은 단맛이었다.

모링가 아저씨가 다녀간 후 '당쇠농장'에 있는 모링가 나무 줄기를 잘랐다. 이틀 동안 말리고 갈아서 나도 모링가 가루를 만들어 요플레에 섞어 먹기 시작했다.

화들짝! 이뻐지려나?

라오스 한 달 살기

254

인생의 속도를 잠시 늦추고 싶을 때

33
돌 항아리평원& 숟가락마을

씨엥쿠앙 폰사완에는 큰 돌 항아리 수백 개가 평원에서 뒹굴고 있다. 화강암을 쪼아 만든 1~3m 높이의 돌 항아리가 이리저리 흩어져 있는 모양은 언뜻 보기에 평화로운 공원 같아 보인다. 누가 왜 이곳에 가져다 놓았는지 정확하게 알 수는 없지만 3천 년 전 사람의 무덤으로 추정하고 있다. 돌 항아리의 크기가 신분을 나타내는 것으로 보인다. 이곳은 오랜 시간 독립된 국가를 이루고 살았던 '므앙쿤 왕국'이었던 곳이다.

▲ 포탄과 숟가락

    돌덩이도 피해 갈 수 없는 것이 세월의 풍화작용이다. 긴 시간을 건너는 동안 깎이고 패인 흔적을 무늬처럼 입고 있다. 빈 돌 항아리 속에 잡풀이 주인 행세를 하고 있다. 바늘 하나 꽂을 틈만 있어도 뿌리 내리고 얼비치는 햇살 한 조각 얻어 쬐면서도 꽃은 핀다. 그리고 질긴 생명을 이어가는 것이 자연의 고리인 것이다. 때마침 불어오는 바람에 흔들리는 꽃잎이 존재를 과시한다.

    풍경에 넋을 놓고 있기에는 너무 위험한 곳이다. 내가 딛고 있는 발밑 어딘가에 폭발물이 터질 수 있다는 사실을 알고 나면 모골이

인생의 속도를 잠시 늦추고 싶을 때

송연해진다. 딛고 있는 발걸음을 떼기가 오싹하다. 방금까지 꽃잎을 흔들던 바람 속에 화약 냄새가 실려 있는 것 같다. 돌 항아리 무덤이 죽은 자의 정신을 담는 그릇이라면 발밑에 숨은 복병, 밤비'(bombie)라고 부르는 불발탄은 죽음을 부르는 현실 세계의 일이다.

라오스는 고래 싸움에 새우 등 터지는 격으로 미국이 베트남을 비롯한 주변국이 공산화되는 것을 막기 위한 전쟁에 희생제물이 되었다. 1964년부터 1973년 사이 미국은 베트남으로 수송되는 전쟁 물자를 차단하기 위해 라오스와 라오몽족을 이용했다. 미국 군인을 파병하기보다 값싼 보상만 해주면 될 것이었다. 남의 나라

라오스 한 달 살기

땅, 약소국이라는 이유로 6년간 2,500,000톤의 폭탄을 무차별적으로 쏟아부었다. 자국의 전쟁도 아닌데 라오스는 세계에서 가장 많이 폭탄을 맞은 나라가 되었다. 폭탄으로 인해 '므앙쿤 왕국'의 역사와 유적은 물론 라오몽족의 4분의 1이 희생되었다. 또 미국은 전쟁에 패하고 돌아가면서 전투기에 실려 있던 폭탄을 라오스 산악지대에 마저 뿌리고 가버렸다. 미국은 이것을 비밀전쟁(Secret War)이라 한다.

왜 그랬는지 명분을 찾자면 '만만해서'이다. 라오몽족은 미국 CIA가 주도한 회유에 말려들었다. 강대국인 미국 편을 듦으로 살 길을 찾으려고 했던 라오스와 라오몽족, 그들에게 돌아온 대가는 차가운 배신과 폭탄 세례뿐이었다. 약소국가 약한 자의 비애다.

폭우처럼 쏟아진 폭탄이 산을 이루고 그것이 터지면서 마치 화산 분화구같이 지형을 뒤집었다. 라오스 땅 25% 정도가 폭탄으로 오염이 되어 농사도 지을 수 없고 발 딛기조차 무서운 땅으로 변했다.

비록 불모지로 변했어도 이곳에서 나고 자란 사람들에게는 고향이고 익숙한 물맛이며 놀던 터전이었다. 연어가 물맛을 기억하고 물길을 거스르듯 고향을 찾아들었다. 사실을 은폐하는 일은 불 땐 뒤 연기를 틀어막는 것처럼 무모한 일이다. 신음소리는 낮지만 사람들의 가슴에 깊이 파고드는 속성이 있다. 비밀전쟁의 소문은 세계 각국으로 퍼져나갔다. 우리나라 KOICA 뿐 아니라 불발탄 제거 사업에 원조를 보내는 국가들이 점점 생겨났다. 비밀이 더 이상 비밀로 유지될 수 없는 지경에 이르렀다.

급기야 2016년 가해자인 미국 오바마 대통령이 미국 대통령으로는 처음으로 라오스를 방문하여 양국 간 '굴곡진 역사'를 인정하기에 이르렀다. '라오스 불발탄 제거 지원, 큰 도덕적 의무감'이

라오스 한 달 살기

란 표현을 쓰면서 적극적 지원을 약속했다. 오바마 대통령은 라오스와 3년간 벌일 불발탄 제거 공동작업에 9천만 달러(약 995억 원)를 내놓겠다고 약속하고 남은 불발탄 처리를 위한 지원 방안을 내놓았다. 이에 라오스도 전쟁 당시 실종됐거나 숨진 미군을 찾는 작업을 돕기로 했다.

폰사완에는 숟가락마을(Spoon Village)이 있다. 포탄 껍질은 산악지대에 사는 라오부족들에게 요긴한 쇠붙이다. 그것은 쓰러져가는 집을 떠받치는 기둥이 되고 강을 건너는 배가 되었다. 포탄 껍질로 된 학교 울타리를 넘어 아이들은 학교로 가고 음식점 앞엔 USA 마크가 선명하게 찍힌 포탄 껍질을 인테리어용으로 세워놓았다. 물자를 쉽게 구할 수 없는 산악지대에서 쇠붙이로 만들 수 있는 생활용품은 모두 포탄 껍질을 재료로 쓴다. 식당이나 가정에서 힘없이 잘 휘어지는 숟가락을 보았다면 그것은 대부분 포탄 껍질 숟가락이다. 알루미늄 밥상, 밥그릇 국그릇. 라오스 국화인 '독잠파' 모양의 액세서리도 만들어서 팔고 있다.

돌 항아리 평원을 돌아보고 숟가락 마을을 보며 돌 항아리 속에 핀 노란 꽃을 생각했다. 내가 하기 싫은 일은 남에게 전가하지 말아야 한다는 진리를 새삼 깨닫는다. 미국민의 목숨이 아까우면 라오족이나 라오몽족의 죽음도 애통하다는 사실을 간과해서는 안

된다. 그것은 국가나 개인이나 맥락을 같이 한다. '전쟁'이라는 실체보다 더 끈질긴 것은 '평화'라는 보이지 않는 정신이다. 포화를 뚫고 3천 년이 지난 지금에야 실체를 드러낸 돌 항아리가 그것을 일깨워준다.

  2019년 돌 항아리 평원은 세계문화유산으로 등재됨으로 세계인의 이목을 끌게 되었다. 라오스를 '볼 것 없는 나라'라는 말에 반박할 명분 하나 얻게 되었다. 이 일은 우리나라의 노력 공로가 컸다. 돌 항아리 평원 뒤에는 아직도 끝나지 않은 불발탄의 위험이 도사리고 있다. 라오스는 이제 돌 항아리 평원처럼 지형을 뒤집는 몸살을 앓고 있다. 라오스 여행을 떠날 때는 마음을 비우고 떠나라고 권한다. 기대를 잔뜩 품고 가면 느낌을 담을 자리가 없다. 빈 마음일 때 차곡차곡 느낌이 적립되는 땅, 떠나면서 차마 발걸음이 떨어지지 않아 뒤돌아보게 되는 곳, 그곳이 라오스다.

34
엑티비티 천국 방비엥

♣엑티비티 천국 방비엥 -방비엥에서는 코가 삐뚤어지게 놀아야 한다. 비교적 싼 비용으로 즐길 거리가 많아서 젊은이들이 많이 찾는 곳이다. 방비엥 여행자 거리는 1시간 정도만 걸으면 다 둘러볼 수 있을 정도로 작은마을이다. 여행사와 숙소들이 중심거리에 있어서 투어 가격이 비슷하고 가격표를 적어 놓은 안내판이 있어서 선택하는데 어렵지 않다. 여행사에 예약해 두고 숙소에서 기다리면 툭툭이 숙소마다 손님을 픽업하러 온다. 대부분 하루나 이틀 정도 코스로 투어 후 루앙프라방으로 떠난다.

♣ 블루라군

블루라군은 푸른 연못을 말한다. 물빛이 에메랄드 빛인데 주변에 고목이 있어서 숲속의 옹달샘 같은 느낌이다. 방비엥에는 세 군데 라군이 있는데 라오스 하면 블루라군이 떠오를 만큼 유명하다. 도심에서 30분 정도 떨어진 거리에 있다. 버기카를 이용하기도 하고 여행사에 신청해서 투어로 가기도 한다. 블루라군 위를 짚라인을 타고 달리기도 하고 나뭇가지 위에 만들어놓은 다이빙대에서 아래로 다이빙을 하기도 한다. 더 낮은 곳에는 줄을 매달아 놓고 그네를 탈 수 있다.

♣ 동굴튜빙

탐논동굴 속을 튜브를 타고 탐험하는 것이다. 동굴 속으로 물이 흐르기 때문에 걸어갈 수는 없고 튜브를 타고 누워서 연결해놓은 밧줄을 자기 앞으로 잡아당기며 뒤로 이동한다. 동굴 안을 볼 수 있도록 헬멧 위에 쓰는 랜턴과 구명조끼를 하나씩 준다. 동굴 속에 물이 너무 많아도 적어도 튜빙을 할 수 없기 때문에 동굴 탐험이 불가능하다. 처음 입수할 때 등허리까지 물에 담그는 것이 섬뜩한 느낌이 들지만 차츰 익숙해지면 시원한 물 느낌을 즐기게 된다. 동굴 안에 사는 박쥐도 볼 수 있다.

♣ 카약킹

방비엥은 물놀이에서 시작해서 물놀이로 끝난다. 쏭강을 따라 카약킹을 타고 내려오는 코스다. 노란색 카약에 앞뒤로 두 명씩 타고 노를 저으며 내려온다. 쏭강이 카약킹하기 좋은 속도로 아래로 흐르고 있어서 천혜의 조건이다. 1시간 정도 카약킹을 하며 다른 카

약에 물을 뿌리거나 경쟁을 즐긴다. 주변이 산으로 둘러싸여 있어서 아름다운 경관을 구경하며 강을 타고 내려오는 재미가 있다.

♣짚라인

짚라인을 하는 곳은 여러 곳에 있다. 어느 여행사와 조인하느냐에 따라 코스가 다르다. 블루라군 위를 달리는 코스도 있고 쏭강 위를 달리는 코스도 있다. 한 구간만 하는 것이 아니라 열 구간 정도 한다. 물론 가장 첫 번째 구간이 제일 겁난다. 뒤로 갈수록 얼었던 표정이 풀리면서 여덟 번째 구간에 오면 주변 경관을 둘러볼 여유도 생긴다. 마지막 직선코스로 확실히 마침표를 찍는다. 직선코스 앞에서 내려다보면 아찔해서 발이 떨어지지 않는다. 결국 눈 질끔 감고 내려올 수밖에 없는데 막상 내려오는 순간은 아주 짧다.

♣사꾸라바

낮에 물놀이에 빠져 있었다면 밤엔 라오비어와 함께한다. 방비엥의 밤에 가장 인기 있는 곳은 사꾸라바이다. 일본인이 주인인 '바'인데 일단 입장은 무료다. 근처에만 가도 '강남스타일'이 흘러나온다. 이젠 BTS인데 언제까지 강남스타일만 고수할 건지 모르겠지만 아는 노래가 나오니까 나쁘지는 않다. 낮에 보면 너무 초라해서 눈에 잘 띄지도 않는 '바'가 밤이 되면 달라진다. 안쪽에 조도 낮은 원색적인 형광 불빛 몇 줄기와 비트 빠른 음악과 칵테일과 라오비어가 한데 섞여 있다. 정형화되고 각진 것은 아무것도 없다. 누구든 셀프로 몸을 흔들고 제 몸에서 삐져나온 땀으로 번들거린다. 성수기엔 좁은 실내에 다 들어서지 못하고 쏟아진 콩처럼 길가까지 삐져나온다. 12시면 마감을 한다.

♣ 방비엥 그 외

최근에 야시장이 생겼다. 파는 물건은 비엔티안이나 루앙프라방에서 파는 것과 크게 다르지 않은데 가격은 더 비싼 편이다. 물놀이용품을 사두었다가 다음날 투어할 때 쓰면 좋다. 방비엥은 워낙 작은 도시라서 만났던 사람을 또 만난다. 낮에 물놀이 같이 했던 사람을 밤에 다른 장소에서 만나게 된다. 여행자 도시이다보니 숙소는 언제나 있다. 도미토리부터 고급 호텔까지 취향에 따라 골라잡을 수 있다. 한국인이 운영하는 게스트하우스에서는 저녁마다 무료 '청춘 파티'를 연다. '방비엥 인'이 대표적인 한국인 게스트 하우스이다.

방비엥에만 있는 유명한 것이 샌드위치다. 샌드위치 거리가 있을 정도이다. 한국 TV에 나와서인지 온통 한국어 천지다. 웬 이모들은 그리 많은지 온갖 이모들이 여기에 다 모였다. 라오스 이모들이 만들어주는 샌드위치는 엄청나게 크고 맛있다. 혼자서 한 개 다 먹을 수 없을 정도로 크고 속 재료는 다양하게 선택할 수 있다.

♣ 피 마이(Pi Mai)축제

'새로운'이라는 의미의 피 마이(ປີໃໝ່)는 매년 4월 13일부터 15일까지 라오스에서 열리는 새해 맞이 축제다. 피 마이는 라오스에서 가장 중요한 명절이자 축제로, 새로운 해의 시작을 앞두고 온 가족이 함께 모여 지난해를 정리하고 새롭게 펼쳐질 날들에 행운이 가득하기를 기원하는 의미를 지닌다. 피 마이 공식 휴일은 3일이지만 축제 분위기는 일주일 이상 계속된다.

첫째 날은 섣달그믐, 즉 한 해의 마지막 날로서 새로운 해의 시작을 앞두고 각자의 몸과 집, 마을을 정결히 하는 시간이다.

둘째 날은 전해도 새해도 아닌 전환의 시간이다.

셋째 날은 축제의 마지막 날이 바로 새해가 시작되는 날로, 이 날 대규모 퍼레이드와 전통 춤, 음악 공연 등 다양한 행사가 펼쳐진다. 사원에서는 불상에 물을 부어 깨끗이 하고 승려, 가족, 친구들끼리 서로 물을 뿌리며 장수와 평안을 기원하는 의식을 행한다. 물을 뿌리는 것은 새해를 맞아 몸을 정결히 하고 죄를 씻어내며 더위를 이겨내라는 의미를 지닌다. 낯선 사람들끼리도 물을 뿌리면서 '새해 복 많이 받으세요'라는 의미로 '소크 디 피 마이'(Sok dii pi mai)라는 인사말을 주고받으며 물총이나 호스로 물을 뿌리고 요란스러운 물싸움이 벌어지기도 한다.

인생의 속도를 잠시 늦추고 싶을 때

35
멈추고 싶은 곳 루앙프라방

♣멈추고 싶은 곳 루앙프라방

　루앙프라방은 도시 자체가 세계문화유산으로 등록되어 있는 곳이다. 세계적으로 문화유산으로 등재된 곳치고 빠른 곳은 없다. 다른 말로 하면 느리거나 멈춰있다는 얘기다. 루앙프라방도 그렇다. 도시가 멈춰 있으니 사람들의 발걸음도 느리다. 낮에는 카페나 식당에서 어깨에 힘을 풀고 앉아있다가 해 질 녘 가까운 '푸시산'을 오르거나 야시장을 슬슬 걷는다. 야시장에 물건을 파는 사람들은 대부분 소수민족이고 그들이 만든 수공예품이다. 비엔티안에서 변화의 물결과 방비엥에서 들떠 있던 마음을 착 가라앉게 해주는 곳이 루앙프라방이다.

♣탁발

　탁발은 수행하는 스님들이 걸식하며 생계를 잇는 과정이다. 고

인생의 속도를 잠시 늦추고 싶을 때

(苦)가 수행의 제일 과제이다.

하루 한 끼 주는 대로 먹고 안 주면 굶는다. 고행은 불만족 상태에 머무는 것이다. 수행자는 만족을 추구하는 것이 아니다. 괴로운 상태에 스스로 놓이는 것, 즉 불만족의 상태가 되는 것이 수행이며 고(苦)이다. 이제 루앙프라방은 탁발로 새벽 문을 여는 것이 새로운 문화가 되었다. 새벽 5시 30분 부터 왕궁 박물관 근처에서 부터 주황색 장삼을 입은 스님들이 어깨에 발우를 메고 줄지어 맨발로 걸어 나온다. 근처에는 이미 공양할 밥을 바구니에 담아서 파는 사람이 작은 의자를 줄줄이 내놓고 준비하고 있어서 미리 자리 잡고 앉는다. 마침내 주황색 장삼의 행렬이 보이기 시작한다. 찰밥을 조금씩 주걱이나 손으로 떼어 발우에 담아 공양하는 것이다. 어린 스님들을 위해 초콜릿이나 과자를 넣기도 한다. 공양받은 밥은 옆에서 기다리고 있는 가난한 아이들에게 다시 나눔으로 이어진다. 며칠 지켜보면서 느낀 것인데 한국인 패키지 관광객들이 가장 소란스럽다. 수행자들을 구경거리로 여기는 마음가짐에서 비롯된 몰지각한 태도를 견디는 또 하나의 업보를 얹어 주는 것 같아서 못내 씁쓸하다.

♣꽝시폭포

'사슴폭포'라는 뜻을 가지고 있다. 시내 중심에서 30㎞ 정도 떨어져 있고 가는 길도 어렵지 않다. 여행사에 투어를 예약해도 되

고 툭툭이나 바이크로 이동해도 된다. 입장료는 2만낍(2800원).

투어로 가면 2시간 정도 자유시간을 준다. 입구부터 숲속 난 길로 이어져 있어서 햇볕을 피할 수 있고 곳곳에 벤치가 놓여 있어서 쉴 수 있도록 해놓았다. 꽝시폭포의 신비한 물빛을 보는 순간 반하게 된다. 옥색 물빛과 계단식으로 층층이 흐르는 물이 너무나 매력적이어서 저절로 탄성이 나온다. 초록나무와 비취색 물빛이 컴퓨터 메인 화면에서 본 듯 아름답고 어디를 찍어도 화보가 된다. 비취색 물은 석회암 성분이 녹아 있어서 피부에 좋은 물은 아니라고는 하는데 유럽 미녀들은 아랑곳하지 않고 비키니 차림으로 물놀이를 즐긴다.

♣왓 씨앙통 사원

루앙프라방에는 사원이 많다. 그중에서 딱 하나만 보려고 한다면 왓 씨앙통 사원을 추천한다. 루앙프라방에서 가장 오래되고 아름다운 사원이다. 16세기에 지어진 건물이 아직까지 존재한다. 메콩강변에 있어서 찾기 쉽고 여행자 거리에서 걸어갈 수 있는 곳에 있다. 먼저 사원의 벽을 장식한 동화같이 아기자기한 유리모자이크로 벽을 볼 수 있다. 일상적인 사람들의 생활상을 보여준다.

'황금 도시의 사원'이란 뜻에 맞게 금색으로 장식되어 있는 곳이 많다. 사원 문에 바짝 붙어서 문틈으로 잘 보면 안에 있는 '황금불상'을 볼 수 있다. 1975년 라오스가 공산화가 되기 전까지 왕족을 위한 사원으로 사용되었으며, 왕의 즉위식을 이곳에서 거행했을 만큼 라오스에서 중요한 사원이다.

♣숙소 추천

루앙프라방은 비엔티안에서 국내선으로 갈 수도 있고 방비엥에서 출발하는 버스를 타고 가도 된다. 음식과 숙소도 수도인 비엔티안보다 더 좋은 곳이 많다. 유럽인들이 한 달 살기로 선호하는 이유다. 로터리를 중심으로 주변에 프랑스풍의 예쁜 숙소가 많고 가격도 싼 편이다. 대부분 조식을 제공한다. 하루에 한 곳씩 옮겨가며 숙박하는 재미도 있다. VILL PUMALIN 게스트하우스를 추천하고 싶다. 친절한 매니저들과 다른 곳에는 없는 미니 풀장이 있고 제공하는 조식이 훌륭하다(1박 25불).

인생의 속도를 잠시 늦추고 싶을 때

♥닫는 말

'치앙마이 한 달 살기'에 이어 '라오스 한 달 살기' 책도 즐거운 작업이었다. 수도 비엔티안에서 처음 만난 숙소 주인은 지금 내 '인생 친구'가 되었다. 라오스는 이제 막 꿈에서 깨어나는 아이처럼 어리둥절하고 부끄럼 천지다. 뿌리 깊은 불교문화의 정체성과 오랜 프랑스 식민지로서의 문화가 공존하며 조화를 이루고 있는 땅이다. 수도 비엔티안을 감싸 안고 흐르는 메콩강의 일몰은 소리 없이 아름다운 강변의 노래를 들려준다. '루앙프라방'은 불교사원과 프랑스풍의 주택이 잘 어우러진 유서 깊은 도시이다. 방비엥의 블루라군과 광시폭포의 에메랄드 색 물빛은 아직도 가끔 내 꿈속을 황홀한 빛깔로 물들인다. 라오스 사람들의 부끄러운 미소는 세상의 어떤 문화유산을 보는 것보다 가슴 깊이 남는 감동이 있다. 고객의 요구에 부응하는 가장된 친절이 아니라 '원래 저는 이래요' 하는 순수를 대접받고 헐값을 내고 나면 돌아서는 내가 오히려 미안해진다. 몸은 돌아왔지만 차마 마음이 떨어지지 않는 땅! 그곳이 순수의 나라 라오스다.

이제 여행은 관광이 아니라 '살기'이다. 먹고 놀고 볼거리, 즐길 거리를 찾아서 관광하고 돌아올 때마다 헛배가 부른 것처럼 미진한 무엇이 남았었다. 삶이 곧 여행이고 인생 여정이다. 우리는 매일 멀고 가까운 곳으로 떠나고 돌아오는 여행을 반복하며 살아간다. 호기심이 많아서 다른 삶을 기웃기웃해보는 것, 그러다가 슬그머니 끼어들어 합류해보는 것이 나의 여행 '그곳에서 한 달 살기'이다. 개구리 목젖처럼 턱밑에 매달린 겁주머니가 벌렁벌렁 뛰지만 우물 밖 세상이 궁금해서 참을 수 없을 때!

그때부터 나의 '한 달 살기'는 또 새로운 세상, 그 두렵고 짜릿한 강물 속으로 한 발 넣어보는 것이다. ◆

인생의 속도를 잠시 늦추고 싶을 때
라오스 한 달 살기

초판 1쇄 발행 | 2019년 11월 25일

지은이 | 조 숙
발행인 | 장문정
발행처 | 문예바다
       등록번호 | 105-03-77241
       주소 | 서울 종로구 삼일대로 30길, 21 (종로오피스텔)1110호
       전화 02) 744-2208
       메일 qmyes@naver.com

ⓒ 조 숙, 2019. Printed in Seoul, Korea

ISBN 979-11-6115-083-3 (03810)

* 이 책의 판권은 지은이와 출판사에 있습니다.
  양측의 서면 동의 없는 무단복제를 금합니다.